# Faszination Formel 1 2002

Herausgegeben von Gerald Selch

Mit einem Nürburgring Special von Hans-Joachim Stuck

ULLSTEIN

Der Ullstein Taschenbuchverlag ist ein
Unternehmen der Econ Ullstein List Verlag
GmbH & Co. KG, München
Originalausgabe

Textredaktion: Gerald Selch
Art Direction: Leif Schindel
Schlussredaktion: Dr. Jürgen Mueller
Fotoredaktion: Wiebke Eichhorst
Produktion: Leif Schindel (Ltg.), Holger Eickhoff, Jochen Suckau
Streckengrafiken: Jens Roland Hasche für Premiere World
Technische Koordination: Wolfgang Breustedt
Satz und Repro: AMOS, Hamburg
Koordination: Irmgard Nille, BILD Merchandising
Coverfoto: Andreas Beil/FAF
Abbildungen im Innenteil: Andreas Beil/FAF, ATP,
Bodo und Ferdinand Kräling, Oliver Reck, Wolfgang Wilhelm, XPB/Jerg
Druck und Bindearbeiten: MOHN Media · Mohndruck GmbH, Gütersloh
Printed in Germany
ISBN 3-548-42055-9

*Die Formel 1 ist ein faszinierender Sport. Es ist das Leben am Limit, der Kampf Mann gegen Mann, Rad an Rad. Es ist das Duell Mensch gegen Maschine und sogar Bruder gegen Bruder. Es ist der Rausch der Geschwindigkeit, der alle mitreißt… Auch uns von BILD.*
*Wenn 22 Piloten am Start stehen, über 18 000 PS aufbrüllen, die Lichter der Startampel erlöschen und das Feld in die erste Kurve rast – dann herrscht auch in unserer Redaktion gebannte Stille. Dann fiebern wir mit.*
*Unsere BILD-Reporter sind vor Ort. An allen Rennstrecken dieser Erde. Sie sprechen mit Piloten und Teamchefs, mit Siegern und Verlierern. Sie kennen und berichten über die faszinierende, manchmal auch komplizierte Welt der Formel 1. Ausführlich, kompetent.*
*»Wer die Formel 1 verstehen will«, sagt Rennfahrer und BILD-Kolumnist Hans-Joachim Stuck, »muss die Hintergründe kennen.«*
*Wir wollen Sie in diese Welt mitnehmen, die den meisten Zuschauern ansonsten verschlossen bleibt. Das neue BILD-Buch »Faszination Formel 1«, eines der erfolgreichsten Sportbücher Deutschlands, ist für uns wieder der Auftakt zu einem großen Rennjahr. Lesen Sie Reportagen und Porträts. Erfahren Sie alles über Stars, Teams und Strecken. Erleben auch Sie die Geschichte des Motorsports, hautnah, in unserem Special zum 75. Geburtstag des legendären Nürburgrings.*
*Start frei! Und viel Spaß mit dem neuen Formel-1-Buch von BILD.*

Ihr
Alfred Draxler

*Alfred Draxler, BILD-Sportchef*

96

6

48
Allianz
BMW Power
Marlboro
Shell
tic tac
FedEx
TIM

46

114
MICHELIN
BECK'S
JAGUAR
HSBC

75 Jahre Nürburgring

DOUBLE-JUBEL

**Sieger unter sich! Ferrari feiert in Ungarn gleich doppelt: den Gewinn der Fahrer- und Konstrukteurs-WM. Michael Schumacher und Rubens Barrichello haben wie schon 2000 das Double geschafft. Gratulation**

SCUDERIA
3
2
MAGNETI MARELLI
FIAT
FedEx
BRIDGESTONE

DENKPAUSE

**Schumi in Amerika, Panne im freien Training. Alleine steht er an der Strecke, in Gedanken versunken. Auf seinem Helm die USA-Flagge. Ein Tribut an die Opfer des 11. Septembers**

**SPRUNG IN DIE EWIGKEIT?**

**Vorzeitig Weltmeister, nach nur 13 Rennen. Schumi macht auf dem Siegerpodest von Ungarn vor Freude einen Luftsprung. Es ist sein vierter WM-Titel. Die Welt verneigt sich**

1st
Marlboro
Marlboro
BRIDGESTONE
MARLB
MAGYAR
EST 2001

Marlboro
SCHUMACHER
Marlboro
OMP
tic tac
Marlboro

**Siegerfaust**

**Die Zieldurchfahrt, die Erlösung – geschafft! Die rechte Faust gen Himmel, die Gedanken beim Team: »Ich liebe euch alle«, schluchzt Schumi über Boxenfunk. Er ist wieder Champion**

# Michael Schumacher

# Ist Schumi der beste Fahrer aller Zeiten?

Dieser Mann bricht alle Rekorde. Und wird nicht müde dabei...



Frank Williams bläut es seinem Lieblingsfahrer Juan-Pablo Montoya beinahe jeden zweiten Tag ein: »Nimm dir ein Beispiel an Schumacher. Wenn du ihn schlagen willst, musst du so für den Job leben wie er.« Mit Schumacher meint der Rollstuhlgeneral nicht seinen zweiten Fahrer Ralf. Frank Williams hat nach dem Tod von Ayrton Senna nur einen Hiro in der Formel 1: Ferrari-Pilot Michael Schumacher! »Er ist der Maßstab für alle«, sagt Williams mit Glanz in den Augen. Dann beginnt er mit einer langen Lobeshymne auf den vierfachen Weltmeister ...

Sir Frank Williams: »Michael lebt jeden Tag für den Sport. Mental und physisch. Gerhard Berger traf Michael im Urlaub auf Mauritius. Sie verabredeten sich zum Mittagessen. Michael kam mit dem Fahrrad. Der verrückte Kerl hatte

**Die Fähigkeit, sich voll auf den Punkt konzentrieren zu können – das zeichnet ihn aus. Auch wenn er mit seinem Ferrari mal durchs Gras muss**

schon wieder zweieinhalb Stunden in der Tropenhitze trainiert. Und das am Ende der Saison! Mein Sohn Johnny hat ihn beim Kart-Weltfinale in Kerpen beob-

## In der ewigen Punktetabelle an Prost vorbei

achtet. Michael nahm dafür extra drei Kilogramm ab. Ist das nicht Wahnsinn?«



Wahnsinnig – ja, das ist dieser Schumi. Aber gerade deshalb (fast) unbezahlbar.
Williams-Kompagnon Patrick Head fügt fast traurig hinzu: »Leider ist Michael für uns zu teuer.«

Denn Michael Schumacher ist nicht nur mit seinem geschätzten Jahressalär von 35 Millionen Dollar die Nummer eins in seinem Sport. Der 33-Jährige aus Kerpen führt immer mehr Weltranglisten an, und längst nennt man ihn in einem Atemzug mit Juan-Manuel Fangio, Jim Clark oder Ayrton Senna.
Die Frage stellt sich zwangsläufig: Ist Michael Schumacher schon der beste Fahrer aller Zeiten?
In Suzuka 2001 überholte er Alain Prost in der ewigen Punktetabelle. Er führt sie nun mit 801 Zählern vor Prost (798,5) an. Der Franzose musste im letzten Jahr noch eine

**Die Mechaniker tragen Michael auf Händen, seine Frau Corinna trägt sich und ihn in Händen. Als tolles Foto in einem Magazin**

# Michael Schumacher

# Michael Schumacher

weitere Spitzenposition an Schumacher abgeben. Mit 53 Grand-Prix-Siegen hat ihn der Deutsche um zwei Erfolge überflügelt. Auch in der Hitliste der schnellsten

**Kein anderer Pilot führte über so viele Runden**

Rennrunden (44) schlug Schumacher den Ex-Champion. Keiner hat so viele Kilometer, nämlich exakt 14334, im Rennen geführt wie das Ferrari-Ass. Und kaum einer blamierte seine Teamkollegen so wie er. In 162 Trainingssitzungen wurde Schumacher nur neun Mal geschlagen. Das entspricht einer Erfolgsquote von 95 Prozent.

Für die restlichen Rekorde, die noch in fremder Hand sind, bleibt ihm noch etwas Zeit. Zumindest bis 2004, seinem Vertragsende bei Ferrari. Dass er Fangio mit seinen fünf WM-Titeln einholt, scheint nur noch Formsache. Schwieriger wird es da schon, Sennas Pole-Position-Rekord von 65 Trainingsbestzeiten zu knacken. Bis zum Erreichen dieser Zahl fehlen Schumacher noch 22 Pole-Positions. Falls Schumi auch noch Formel-1-Rekordteilnehmer Riccardo Patrese (256 Starts) einholen will, muss er mindestens noch sechs weitere Jahre fahren. Aber viele halten

**Schumi an die Box. Neun Siege 2001, elf Pole Positionen und Teamkollege Barrichello im Qualifying-Duell 16:1 geschlagen – mehr geht nicht. Oder?**

auch das für möglich. Eine Müdigkeit ist bei Schumacher auch vor seiner zwölften Formel-1-Saison nicht zu beobachten. Eigentlich wollte er erst am 19. Januar 2002

**»Er liebt es einfach, in diesen Autos zu fahren«**



in Valencia seine Winterpause beenden. Doch dann hielt er es nicht mehr aus. Michael rief Rennleiter Jean Todt an und fragte: »Hast du nichts zu fahren für mich?« Ferrari hatte. Einen Wagen mit dem neuen, superleichten Getriebe.
Am 14. Januar jettete Schumi mit seinem Privatflieger nach Fiorano. Am Abend, nach 69 Runden und einem neuen Fiorano-Rekord, stellte Technikchef Ross Brawn fest: »Michael freute sich wie ein kleines Kind. Er liebt es einfach, in diesen Autos zu fahren.«
Der Spaßfaktor ist eine Erklärung für das Phänomen Schumacher. Er verschleißt nicht, weder körperlich noch geistig. Selbst die Schinderei in der Kraftkammer, stundenlange Radtouren oder sein geliebtes Fußballtraining machen ihm Spaß. Keiner seiner Vorgänger, Senna einmal ausgenommen, war so besessen. Also ist Schumi wirklich der Beste, der Größte?
Gegen eine lange Karriere von Fangio sprach das Alter. Der große Argentinier war schon 40, als er 1951 den ersten seiner fünf Titel gewann. Als er 1958, 47-jährig, beim Grand Prix von Frankreich spürte, dass ihm die Jüngeren begannen den Rang abzulaufen, hörte er von einem auf den anderen Tag auf.
Alberto Ascari, Jim Clark oder Ayrton Senna starben in der Blüte ihrer Karriere den Rennfahrertod. Jack Brabham musterte wie Fangio das Alter aus. Seine letzte Saison er fuhr 1970 im Alter von 44 Jahren. Jackie Stewart wurde die Rennerei zu gefährlich. Er hörte nach 99 Grand Prixs auf. »Zu meiner Zeit starben pro Jahr drei Formel-1-Piloten.« Niki Lauda hatte andere Interessen. Der Aufbau einer eigene Fluglinie war ihm wichtiger als der Ehrgeiz, der Beste zu sein. Nelson Piquet lebte weiter sein Leben als Playboy. Er schaffte den Sprung zum Hochleistungsathleten nicht mehr, weil er es nicht wollte. Als Talent allein nicht mehr genügte, sank sein Stern.
Alain Prost wusste Ende 1993 instinktiv, dass er seinen Zenit überschritten hatte. »Ich war 38 bei meinem vierten Titel und zu alt für einen weiteren Anlauf.«
Senna und vor allem dieser junge Schumacher gingen Risiken ein, die dem Professor zu hoch erschienen.

Mika Häkkinen, der letzte große Gegner von Schumacher, verabschiedete sich ebenfalls frühzeitig. Vermutlich aus den gleichen Gründen wie 28 Jahre zuvor Jackie Stewart: »Ich stellte mir die Frage, ob ich weitermachen sollte und warum. Für den Ruhm? Für das Geld? Muss ich das Risiko noch eingehen oder sollte ich nicht auch einmal das Leben genießen?« Der Finne kam zu dem Fazit: »Ich habe alles erreicht, bin zwei Mal Weltmeister geworden.

**Michael Schumacher und Rubens Barrichello winken den Fans zu. Der Brasilianer hat keinen leichten Stand gegen Schumi. Genauer gesagt: Er ist völlig chancenlos. Stolz hält Michael die WM-Tafel hoch**

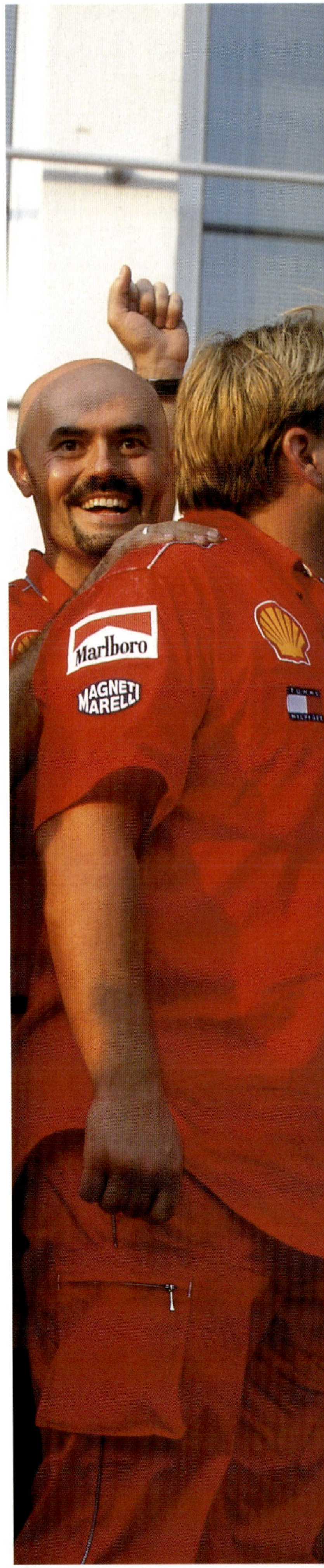

# Michael Schumacher

# Michael Schumacher

Mein größtes Ziel ist abgehakt. Ich bin happy damit. Das sagt mir meine innere Stimme: Man sollte nie zu gierig werden.«
Niki Lauda glaubt, dass Michael Schumacher von solchen Gedanken gar nicht zu weit entfernt ist. Er muss nur noch einmal so einen Mega-Unfall haben wie im letzten Sommer beim Testen in Monza, als bei 320 km/h vor der zweiten Schikane der Unterboden brach. »Ich sehe da absolute Parallelen zwischen Häkkinen und Schumacher. Beide sind lang dabei. Beide haben schwere Unfälle gehabt. Beide sind Familientypen. Bei beiden scheint die Frau einen großen Einfluss zu haben. Und da sehe ich eine gewisse Anfälligkeit. In dem Augenblick, wo Michael den nächsten schweren Crash hat, könnte er so reagieren wie Häkkinen.« Wirklich? Eine von Schumachers Qualitäten ist, dass er sich, ohne zu ermüden, ständig am Limit bewegen kann. Lauda sieht darin aber auch eine Schwäche: »Das ist sein Naturell. Es fällt ihm leicht, sich im Grenzbereich zu bewegen. Es belastet ihn weder psychisch noch physisch. Deswegen fliegt er ab und an auch mal von der Strecke. Diese Qualität darf man ihm nicht wegnehmen. Sonst wäre er wie letztes Jahr in Monza unterwegs, und dann ist es vorbei.«
Dass sich der 53-fache Grand-Prix-Sieger die Terroranschläge in den USA so zu Herzen nahm und dass sie seine Leistung derart beeinflusst haben, ist für Lauda ein Warnsignal. »Dein Verlangen, mit noch mehr Einsatz deinen Lebensstandard zu verbessern, nimmt ab. Du hast alles und kannst eigentlich nur noch alles verlieren. Hast du in dieser Situation einen schweren Unfall, sagst du dir: Ich könnte eigentlich allein von meinen Zinsen leben wie ein Kaiser. Aber was mache ich damit, wenn ich wie der Zanardi plötzlich keine Beine mehr habe? Das ist der Augenblick, wo du dir das erste Mal die Frage stellst, ob es das alles noch wert ist. Frau und Kinder verschärfen dieses Problem natürlich noch.«

**Spielzeuge? Nein, die lenken doch nur ab**

Auf der anderen Seite ist aber gerade diese Familie auch Schumis Stärke. Die Zeit der Spielzeuge, die ablenken könnten, ist längst abgehakt. Lauda: »Andere überlegen sich dauernd, wie sie ein noch größeres Boot und einen noch größeren Flieger kaufen könnten. Das kostet Energie. Michaels Kopf ist darauf trainiert, sich nur auf Dinge zu konzentrieren, die für seinen Job wichtig sind. Er entwickelt sich konstant weiter. Neue Dinge wie die Traktionskontrolle nutzt er sofort zu seinem Vorteil.«
Alain Prost führt an, dass es die modernen Fahrer viel einfacher hätten als er selbst oder die Generation vor ihm: »Die Autos von heute haben gute Bremsen, Servolenkung, automatische Getriebe. Die Sitze sind ergonomisch auf den Körper des Fahrers maßge-

**Er hat sie – und gibt sie nicht mehr her: die Nummer 1 auf seinem Ferrari, die Nummer des Weltmeisters. 2002 will er sie wieder verteidigen**

schneidert. Früher bekam man einen Sitz, und damit musste man leben. Es war teilweise sehr unbequem in den Cockpits, und die Autos waren schwer zu fahren. Ich

## Bisher fuhr er in seiner eigenen Liga

brauchte nach der Winterpause fast eine Woche, um mich daran zu gewöhnen. Michael springt heute ins Auto und fährt am ersten Tag Bestzeit.«

Lauda verteidigt Schumacher in diesem Punkt: »Es ist eine Kunst, das Beste aus dem zu machen, was man hat.« Seine ersten Erfolge hatte Michael Schumacher mit Benetton. Sein früherer Teamchef Flavio Briatore sieht in der Alleinherrschaft des Ferrari-Stars vor allem einen Grund: »Gutes Timing. Michael hatte das Glück, in die Formel 1 einzusteigen, als die Superstars der Ära davor langsam aufhörten. Nelson Piquet, Alain Prost und Nigel Mansell befanden sich am Ende ihrer Karriere. Ayrton Senna starb.« Unter den augenblicklichen Gegner kann Briatore keine ernsthaften Konkurrenten entdecken: »Jedenfalls nicht, wenn der Ferrari so gut bleibt wie er ist und die anderen nichts dagegenzusetzen haben.«

Dabei wäre Schumacher durchaus schlagbar, wenn ein Ralf Schumacher, Montoya oder Villeneuve nur das richtige Material hätten.

Briatore: »Unter Druck macht Michael Fehler. Da ist er verwundbar. Villeneuve und Häkkinen haben diese Schwäche schon ausgenutzt.«

Wer Schumi aber auf Dauer gefährlich werden will, muss selbst mental unantastbar sein. Wer Angst vor dem Champion hat oder Respekt verspürt, wird im letzten Augenblick immer einen Rückzieher machen.

Ralf Schumacher steht dabei im Weg, dass er gegen seinen Bruder fährt, der, aller anders lautender Versicherungen zum Trotz, eben doch kein Gegner wie jeder andere ist. Montoya sagte einmal: »Hätte ich einen Bruder in der Formel 1, hätte ich das gleiche Problem.« David Coulthard lässt sich von Schumacher im Zweikampf zwar nichts gefallen, doch dem Schotten fehlte es bislang an Konstanz. Jedem Highlight folgte stets Mittelmaß. Jacques Villeneuve wäre der ideale Duellant, doch der Kanadier fährt mit BAR-Honda nur noch in der zweiten Liga.

Bleibt nach Ansicht aller Experten nur einer, der Schumacher daran hindern kann, in allen Hitlisten der Beste aller Zeiten zu werden: Juan-Pablo Montoya. Der Kolumbianer ist frech, unbekümmert und risikofreudig. Und er hat sich Schumacher schon als seinen Motivationsbringer ausgesucht: »Ich muss alle schlagen, aber Michael zuerst.«

Start frei, 2002! Exakt 21 Piloten jagen wieder einen Michael Schumacher – doch der fuhr bislang in seiner eigenen Liga...

Vielleicht ist Schumi ja wirklich schon der größte Formel-1-Pilot aller Zeiten.

RAPHAEL SCHUSTER

**Rechts: Schumi 1994, nach seiner ersten WM. Mit Benetton-Teamchef Briatore (rechts) und Walkinshaw. Oben: vierte WM, 2001. Mit Michael feiern Corinna und Medienberaterin Sabine Kehm**

# Michael Schumacher

SCHAMPUSDUSCHE

**Michael macht mit seinen Mechanikern das, was er normal nur mit seinen Gegnern macht – er macht sie nass. Und wie.**

18
BECKS
LEAR
HSBC
MICHELIN
TEXACO
2
Shell
FedEx
BRIDGESTONE

# Schumis neue Göttin

## Schöner, schlanker, schneller



Ein Auto voller Zauber. Unendlich stark, unendlich schön. »La macchina«, die Maschine. Italien betet sie an...
Schumis neue Göttin!
Es war in Maranello, 6. Februar 2002, 11.14 Uhr. Es war der Augenblick, auf den die Formel 1 voller Spannung gewartet hatte: Michael Schumacher und Team-Kollege Rubens Barrichello enthüllen den Ferrari F2002. Ein Raunen im Publikum. 400 Journalisten aus aller Welt staunen. Dann spontaner Applaus. »Das bezauberndste Auto aller Zeiten«, jubeln die Italiener. Es ist der 48. Formel-1-Ferrari. Es ist ein Traum.
Schumi, der in der Nacht zuvor um ein Uhr seine Göttin zum ersten Mal sah: »Ein tolles Auto. Ja, jetzt bin ich wieder WM-Favorit.«
Im F2002 steckt auch eine Menge Formel-Zukunft... Neben dem noch stärkeren Motor (ca. 860 PS) freut sich Schumi vor allem über das neue Getriebe mit Titangehäuse: Nur 20 Millisekunden dauert ab sofort ein Schaltvorgang.
Trotz all der Power unter der Haube wirkt das Kleid der neuen Göttin fast zierlich.
Die Aerodynamiker verpassten dem Ferrari im Windkanal eine Wespentaille. Die Heckpartie läuft noch dünner aus als bisher. Auch die kleinen Flügel an den Seiten wirken grazil: Sie schmiegen sich eng ans knallrote Chassis. Am Samstag, dem 9. Februar 2002, wird Schumi seine neue Göttin erstmals testen: »Ich freue mich.«

### Airbox

Über dem Kopf des Fahrers strömt die Luft zum Motor durch eine dreieckige Airbox-Öffnung. 2001 war diese noch rund. Designer Byrne: »Wir konnten die Leistung erhöhen«

### Auspuff

Die nach oben stehenden Auspuffrohre werden durch Finnen abgedeckt. Diese neuen »Haifisch-Flossen« sollen für die richtige Anströmung der Luft und der Abgase in Richtung Heckflügel sorgen

### Seitenkästen

Die Öffnungen der Seitenkästen sind aerodynamisch geschwungen. Zusammen mit den weißlackierten Windabweisern wurde die Kühlung stark verbessert

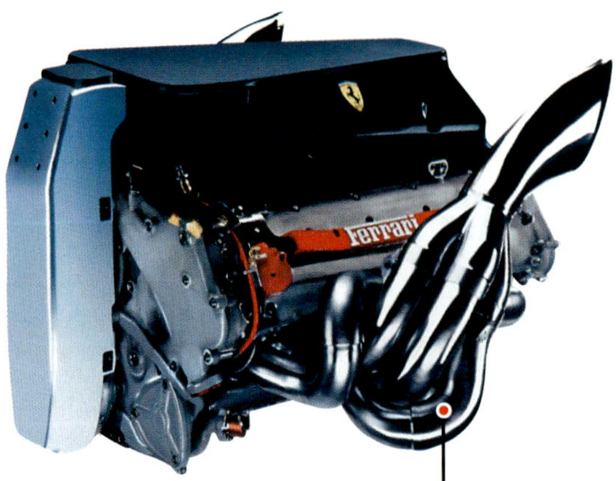

### Motor

Das Herz der Göttin – der neue Motor 051. Noch kleiner und leichter (ca. 90 kg) als Schumis WM-Maschine vom letzten Jahr. Dabei aber stärker: 860 PS kommen aus 2997 ccm Hubraum. Der 40-Ventiler hat einen Block aus Alu-Guss und auffallend schräg nach oben gezogene Auspuffrohre

Marlboro
vodafone
vodafone
Marlboro
1
FIAT
vodafone
vodafone
BRIDGESTONE
Shell
Shell

**2001** **2002**

**VERGLEICH**

Der neue F2002 hat im Vergleich zum Vorjahresmodell deutlich »abgespeckt«. Die Heckpartie ist schlanker geworden, die Frontpartie zierlicher. Gut zu erkennen: Die Airbox hinter dem Cockpit hat 2002 eine neue, viel schmalere Form

GEBURTSSTUNDE

Maranello, 6. Februar 2002. Michael Schumacher stellt seinen neuen Ferrari F2002 vor.

## Gefährlicher Job

Streckenposten in Monte Carlo. Ärzte, Feuerwehrmänner, Flaggenposten. Sie schützen die Fahrer, retten Leben – aber befinden sich selbst während des Rennens in höchster Gefahr

**Tragischer Tod**

Der BAR von Jacques Villeneuve zerschellt an der Betonmauer von Melbourne, 2001. Funken fliegen, Wrackteile knallen durch die Luft. Ein abgerissenes Rad tötet einen Streckenposten. Villeneuve bleibt unverletzt. Die Formel 1 trauert

HONDA
HONDA

Hockenheim, 2001. Crash mit Schumi. Wie eine Rakete schießt der Prost von Luciano Burti durch die Luft

# Schumi und sein Schutzengel

**Vierzehn schwere Unfälle hatte Michael Schumacher. Es trifft ihn öfter als andere – weil er so schnell ist**



Kein anderer Fahrer in der Formel 1 kann sein Auto so konstant an den Grenzen der Fahrphysik bewegen wie Michael Schumacher. Deshalb ist er letztendlich viermal Weltmeister geworden. Deshalb lebt er aber auch gefährlicher als andere.

Denn: Fahren am Limit bedeutet, ohne Sicherheitsreserven unterwegs zu sein. Vierzehnmal ist Schumi in seiner Formel-1-Karriere so abgeflogen, dass sein Auto schrottreif war. Tage, an denen sein Schutzengel Überstunden machen musste. Trotzdem ist er nicht wie viele andere, die schwere Unfälle überstanden haben, vorsichtiger und damit langsamer geworden. Nein – und das hat vielschichtige Gründe...

Schumacher weiß: »Wenn du Angst hast, brauchst du gar nicht erst in dein Auto zu steigen.« Er ist fast schon so etwas wie schicksalsgläubig. In einem Interview sagte er einmal: »Ich denke, dass es sowieso im großen Buch geschrieben steht, wann einem das letzte Stündchen schlägt. Darauf haben wir alle keinen Einfluss.«

Diese Einstellung hat ihn allerdings nie daran gehindert, als einer der drei Vorsitzenden der Fahrergewerkschaft GPDA seit 1994 für eine Verbesserung der Sicherheitsstandards zu kämpfen. Seither wurden viele gefährliche Stellen an Rennstrecken entschärft. Und auch die Autos wurden immer sicherer. Weshalb Schumi bei seinem schlimmsten Unfall, 1999 in Silverstone, zumindest einigermaßen glimpflich davonkam...

Rückblick. Der Große Preis von England wird kurz nach dem Start abgebrochen, weil Villeneuve und Zanardi nicht vom Fleck kommen. Michael Schumacher weiß von dem Abbruch noch nichts, als er auf Stowe Corner zuschießt und wie immer im letzten Moment auf die Bremse tritt. Doch das Pedal fällt halb durch, weil die Entlüftungsschrauben an den hinteren Bremssätteln offen sind.

Fast die Hälfte der normalen Bremskraft fehlt. Schumacher schießt durch das Kiesbett und knallt mit 107 km/h in die Reifenstapel. Einen Aufprall mit dieser Geschwindigkeit übersteht ein gut trainierter Fahrer normal ohne größere Blessuren. Aber die Nase des Ferrari bohrt sich so unglücklich zwischen die Reifen, dass die Überlebenszelle, das Monocoque, bricht.

Nach Schumis Bergung stellt Rennarzt Watkins noch im Medical Center von Silverstone fest: Glatter Bruch von Schien- und Wadenbein. Zum ersten und bisher wohl letzten Mal dachte Michael Schumacher daran, seine Formel-1-Karriere zu beenden. Ehrlich gab er später zu:

**Mit über 200 km/h war Burti voll ins Heck von Michael Schumachers Ferrari gekracht und abgeflogen**

**Der Brasilianer im blauen Prost überschlägt sich brutal, landet kopfüber vor einem Arrows ...**

**... und rollt ab. Luciano Burti, der sich nur leicht den Arm verstaucht, und Schumi haben Glück im Unglück**

**1991: Im Training rast Michael Schumacher in Suzuka mit 280 km/h gegen die Leitplanke. Erst zehn Jahre später stellen die Ärzte fest: Ein Halswirbel ist angeknackst**

**1995: In Brasilien bricht die Lenkung des Benetton. Schumacher schießt geradeaus mit Tempo 116 in die Reifenstapel. Er kann sich unverletzt aus seinem Wrack befreien**

**1995: Nach dem ersten Boxenstop fliegt Schumi beim Großen Preis von San Marino in Imola von der Piste, überschlägt sich fast. Sein Benetton landet seitwärts im Reifenstapel**

»Wer nicht ans Aufhören denkt, wenn sie dir gerade die Knochen zusammengenagelt haben, ist wahrscheinlich nicht ganz normal.« Doch der Schock war schnell überwunden. Schon bei seinen ersten Testfahrten nach dem Unfall ist er auf Anhieb, gleich in seiner ersten fliegenden Runde, schneller als Teamkollege Eddie Irvine.

Keine Frage, Schumi hat seinen Silverstone-Unfall psychisch völlig weggesteckt. Diese mentale Kraft ist eine der besonderen Qualitäten von Michael Schumacher. Sie beruht auf einer der Logik verpflichteten Denkweise. Nach jedem Unfall will Schumacher genau über die Ursache informiert werden.

Wenn ihm die Techniker überzeugend erklären können, warum ein Bauteil versagt hat und wie das Problem behoben wurde, setzt er sich sofort wieder ins Auto – mit absolutem Vertrauen. Nach dem Unfall von Silverstone sicherte Ferrari die Bremsentlüftungsschrauben mit Blechen, damit sie sich nicht mehr öffnen können.

Problem erkannt, Problem gelöst. Schumi zufrieden. Erschreckende Parallelen zum Unglück in England hatte ein Highspeed-Crash am 13. Juli 2001 bei Tests in Monza...

Schumacher verliert bei Tempo 310 km/h vor der Variante della Roggia die Kontrolle über seinen Ferrari. Das Auto knallt in die Leitplanken, rutscht daran entlang und steckt schließlich in einem Reifenstapel. Diesmal hält das Monocoque. Schumi bleibt unverletzt, verlässt aber sichtlich geschockt die Strecke und hat am nächsten Tag einen ordentlichen Brummschädel.

Wieder war ein technischer Defekt die Unfallursache. Der Unterboden war gebrochen. Dadurch riss die Luftströmung zum Diffusor ab. Dieses trichterförmige Bauteil am Heck eines Formel-1-Autos erzeugt Unterdruck und presst es mit bis zu 300 Kilogramm auf die Fahrbahn. Fehlt dieser Unterdruck, können die Autos unruhig werden. Vor allem aber verlängert sich der Bremsweg erheblich, weil die Hinterräder viel weniger Bremskraft übertragen können. Bremst ein Fahrer also am üblichen Punkt, fliegt er ab.

Ein ähnliches Szenario ergibt sich, wenn der Heckflügel abbricht... Je nach Strecke erzeugt ein Heckflügel unterschiedlich viel Abtrieb. In Monza und Hockenheim kommen kleine Flügel zum Einsatz, die fast keinen Anpressdruck erzeugen, da man auf den langen Geraden möglichst schnell sein will.

In Monaco und Ungarn werden die größten Flügel montiert, weil es auf diesen langsamen Strecken auf maximalen Abtrieb und damit hohe Kurvengeschwindigkeiten und kurze Bremswege ankommt.

Die Ferrari-Strecke Mugello liegt genau dazwischen.

Vor der San-Donato-Kurve produzierte Schumis Heckflügel rund 200 Kilogramm – dann flog er am 23. August 2001 brutal von der Strecke.

Die Hinterräder konnten nicht mehr genügend Bremskraft übertragen, blockierten und das Auto schoss mit 150 km/h ins Kiesbett. Dass Schumacher auch diesmal unverletzt ausstieg, hat er den erneut verschärften Sicherheitsvorschriften zu verdanken...

Denn: Seit Anfang 2001 wurden die Crashtest-Anforderungen noch einmal erhöht. Diesen neuen Crashtest müssen die Kohlefasercockpits aller Hersteller vor dem ersten Rennen offiziell bestehen. Die Überlebenszelle der Fahrer ist heute so sicher, dass Schumacher angesichts der Autos früherer Jahre verwundert den Kopf schüttelt: »Wir haben damals ziemlich viel Glück gehabt.«

Beim Großen Preis von Belgien

Schumi im Blick, die mögliche Gefahr vor Augen. Ein Feuerwehrmann steht bereit

Der Helm muss sitzen. Hundertprozentig. Ein Mechaniker zieht noch einmal den Riemen straff

1998 hatte Schumi Pech – und den wohl kuriosesten Unfall seiner Karriere. Oberflächlich betrachtet sah dieser Crash aus, wie der klassische Auffahrunfall eines verschlafenen Handelsvertreters auf irgendeiner deutschen Autobahn...
Rückblick. Michael Schumacher ist auf seiner Lieblingsstrecke in Spa wieder mal eine Klasse für sich. Es regnet in Strömen. Die Sicht in der aufgewirbelten Gischt ist gleich null. Der Ferrari-Star läuft in der 25 Runde auf den Schotten David Coulthard im McLaren-Mercedes auf, das einzige Auto im Rennen, das er noch nicht überrundet hat. Schumacher fährt mehr nach Gehör und Gefühl als nach Sicht. Er hört, wann Coulthard bremst und wann er wieder Gas gibt. So weiß er, wann er selber bremsen muss und wieder aufs Gas steigen kann.

Doch in einer lang gezogenen Rechtskurve, in der normalerweise voll beschleunigt wird, gibt Coulthard nur noch zu 60 Prozent Gas. Das zeigen später die Telemetriedaten von Mercedes. Der Unterschied von Halbgas und Vollgas ist für Schumacher nicht zu hören. Dafür zu fühlen.
Mit hohem Geschwindikeitsüberschuss knallt er dem McLaren ins Heck und reißt sich den Frontflügel und das rechte Vorderrad ab.
David Coulthard wird später sagen, dass er Michael vorbeilassen wollte und deshalb vom Gas gegangen sei. Aber warum ließ er Schumacher nicht vor einer Kurve vorbei? Und warum ging er nicht von der Ideallinie? Beides ist üblich, wenn man überrundet wird. Vielleicht weil Teamkollege Häkkinen, der mit Schumi um die WM kämpfte, schon ausgeschieden war?
Fragen, auf die es nie eine Antwort geben wird... Jedenfalls fuhr Schumi nach ein paar lautstarken Flüchen mit seinem »Dreirad« Richtung Box und stellte dabei fest, dass er zumindest in Rechtskurven fast so schnell fahren konnte, wie mit vier Rädern. Frage über Funk an Technikchef Brawn: »Kann ich weiterfahren? Es geht mit drei Rädern recht gut.«
Ross Brawn verhinderte, was wahrscheinlich das kurioseste Rennen des Michael Schumacher geworden wäre. »Michael komm an die Box. Deine vorderen Bremsleitungen sind abgerissen. Es ist zu gefährlich.«
Der sonst so beherrschte Schumacher stürmte danach zur McLaren-Box. Und einige kräftige Mechaniker mussten ihn auf Distanz zu David Coulthard halten, um Handgreiflichkeiten zu verhindern. Aufgebracht brüllte er in Richtung Coulthard: »Did you want to kill me?« Wolltest du mich umbringen?
Spa ist so etwas wie der Schlüssel zu Michael Schumachers Formel-1-Karriere. Hier fuhr er sein erstes Rennen, feierte seinen ersten Sieg und demütigte oftmals seine Konkurrenten: Aber auf seiner Lieblingsstrecke hatte er auch einen seiner heftigsten Einschläge.
Im letzten freien Training verliert er 1995 die Kontrolle über seinen Benetton und schlägt rückwärts so hart in den Leitplanken ein, dass er mit den Knien das stabile Lenkrad bricht. Außer einigen blauen Flecken und Nackenschmerzen bleibt Schumi aber völlig heil. So hat einer seiner seltenen Fahrfehler keine gesundheitlichen Konsequenzen. Jedoch schaffte es die damalige Benetton-Truppe nicht, in der kurzen Zeit bis zum Beginn des Zeittrainings das Auto zu reparieren. Als Schumacher endlich auf die Strecke konnte, hatte es zu regnen begonnen. Mehr als Startplatz 16 war nicht mehr möglich. Trotzdem siegte er nur einen Tag später. Es war einer seiner größten Triumphe. »Wenn ich einen Fahrfehler ma-

**1996: In seinem ersten Ferrari-Jahr verliert Schumacher in Monte Carlo die Kontrolle über sein Fahrzeug. In der Rascasse-Kurve kracht er in die Leitplanken. Sein Fehler**

**1998: Im Regen von Spa knallt Schumi in den langsameren Silberpfleil von Coulthard, kommt als »Dreirad« zurück an die Box. Dort will er Coulthard verprügeln**

**1999: Der bisher schlimmste Crash. Mit 107 km/h schlägt Schumachers Ferrari in Silverstone in einen Reifenstapel. Das Monocoque bricht – und er sich Schien- und Wadenbein. Drei Monate Pause**

**2001: Wie eine Rakete steigt Schumis Ferrari in den Himmel von Melbourne. Er war im Training mit Vollgas aus der Kurve geflogen. Zwei Überschläge – aber nichts passiert**

**2001: Schumis vielleicht härtester Einschlag. Mit 300 km/h zerfetzt es den Ferrari in der Roggia-Schikane von Imola. Bei Testfahrten am 17. Juli. Er selbst sagt: »Es war brutal«**

**2002: Trümmer, Rauch und ein total zerstörtes Ferrari-Wrack! Am 30. Januar finden seine Testfahrten in Barcelona ein jähes Ende. Mit 240 km/h war er in der Reifenwand gelandet**

che«, gesteht er, »dann ärgere ich mich nicht nur über mich selbst, sondern mir tut es Leid um die Mechaniker. Die haben dann richtig Stress, das Auto wieder rechtzeitig hinzubekommen.«
Manchmal liegt es aber auch an den Fahreigenschaften eines Formel-1-Autos, die Unfälle einfach provozieren...

So war der Benetton von 1995 ein äußerst schwierig zu fahrendes Auto, im Grenzbereich so zickig und unberechenbar wie die sprichwörtliche Diva. Der Grund war die Umstellung vom Ford-Achtzylinder des Vorjahres auf den neuen Renault-Zehnzylinder, mit dem Benetton keine Erfahrung hatte. So bekam man die Verwindungen im Heck des Autos nie in den Griff. Der Wagen war trotzdem sehr schnell. Allerdings nur mit einem Fahrer, der das kann, was Engländer »driving around problems« nennen. Um Probleme herumkurven. Schumis Teamkollege Johnny Herbert konnte das nicht und kam nie mit seinem Arbeitsgerät klar. Er verlor fast immer zwei Sekunden pro Runde auf Michael. Schumi wurde später mit seiner launischen Diva überlegen Weltmeister... Der Saisonstart begann allerdings wenig vielversprechend – mit einem spektakulären Unfall! Im freien Training zum Grand Prix von Brasilien flog Schumacher mit über 270 km/h ins Kiesbett, weil seine Lenkung gebrochen war. Das erinnerte an den tödlichen Unfall von Ayrton Senna knapp ein Jahr zuvor in Imola.
Ein Kreuzgelenk an der Lenksäule war auseinander gefallen. Der Grund: Ein übereifriger Mechaniker hatte die nur zwei Millimeter dünne Sicherungsschraube zu stark angezogen, damit überdehnt, was zum Bruch führte. Schumi damals ganz cool: »Ross Brawn hat mir erklärt, was passiert war, und gezeigt, wie das Problem beseitigt wird. Alles in Ordnung.« Prompt gewann er dieses Auftaktrennen.
Problematischer war der Unfall mit dem Benetton im selben Jahr in Imola. Der Grand Prix von San Marino wurde auf nasser Strecke gestartet. Als die Piste abtrocknete, ging Schumacher nach der zehnten Runde an die Box und ließ Slicks montieren. Doch mit den Trockenreifen kam er nicht einmal eine halbe Runde weit.
Er warf sein Auto mit so großer Wucht in die Leitplanken, dass es fast vollständig zerstört wurde. Warum dieser Unfall passierte, ist bis heute rätselhaft. Die Untersuchung des Wracks ergab keine Rückschlüsse und die Auswertung der Telemetriedaten zeigte, dass kein Fahrfehler vorlag. Benetton versuchte noch wochenlang das Rätsel zu lösen. Ohne Ergebnis. Schumis Reaktion: »Dann nehme ich diesen Crash halt auf meine Kappe.« Mit großer Wahrscheinlichkeit geht ein Unfall im Premierenjahr 1991 tatsächlich auf sein Konto: Im Training zum Grand Prix von Japan schlägt Schumacher in der gefürchteten R130-Kurve mit seinem Benetton rückwärts in den Leitplanken ein. Er klettert aus dem Wrack, massiert sich das Genick und fährt am nächsten Tag, bis er in Runde 35 ausfällt.
Erst acht Jahre später stellt sich heraus: Suzuka 1991 hätte das dramatische Ende seiner erst so kurzen Karriere sein können. Beim Anprall hatte sich Schumi einen Riss in einem Halswirbel zugezogen. Die Ärzte vor Ort hatten dies schlicht übersehen.
Das zeigt, was ein Rennfahrer bei seinem Job neben Talent am notwendigsten braucht: Glück. Eine große Portion Glück. Das braucht auch Schumi. Jeden Tag, bei jedem Rennen...

Heiner Buchinger

**Schumi auf dem Abschleppwagen. Imola, 1996. Er winkt den Fans zu, aber ist wahrscheinlich stinksauer**

Lass dich umarmen! Michael und Corinna, Liebe und Vertrauen pur. Sie zeigen ihre Zuneigung

Michael und Corinna

# Zehn Jahre Liebe, zehn Jahre Angst

**Die Schumachers feiern ihr Liebes-Jubiläum. Gefühl und Gefahr waren ihre ständigen Begleiter. Das Geheimnis einer tiefen Beziehung**



Sie sind ein Herz und eine Seele. Doch ihr Herz schlägt oft höher als eigentlich normal – und über ihre Seelen gleitet manchmal ein dunkler Schatten der Angst.
Zehn Jahre Corinna und Michael Schumacher. Zehn Jahre voller Liebe und Zuneigung. Aber auch zehn voller Sorgen und Angst.
Seit Januar 1992 sind Corinna und Michael zusammen. Sie zeigen ihre Zuneigung offen – heute wie damals. Ihre zärtlichen Küsse verzaubern selbst das Fahrerlager der Formel 1.
Zehn Jahre. Dazwischen liegen Hochzeit, Kinder, unzählige Stunden des gemeinsamen Glücks. Dazwischen liegen aber auch diese 14 schweren Unfälle. Und jeder davon, das wissen beide, hätte ihr gemeinsames Glück im Bruchteil einer Sekunde brutal zerstören können.
So wie Schumis Horror-Crash von Barcelona zu Saisonbeginn, am 27. Januar 2002. Als sein Ferrari bei Testfahrten mit 240 km/h an einer Reifenmauer zerschellte...
Sofort danach ist Michael – er blieb unverletzt – zu Corinna und den Kindern Gina-Maria und Mick nach Hause in die Schweiz geflogen.
»Meine Familie bedeutet mir alles«, beteuert er. »Wenn ich zwischen Formel 1 und Familie wählen müsste, ich würde mich immer für die Familie entscheiden.«
Das würde er auch. Sicher.
Denn die ständige mit seinem Beruf verbundene Todesgefahr macht Michael süchtig nach Geborgenheit – und Corinna schenkt sie ihm.
Sie schuf und behütet das private Paradies der Schumis: Mit den beiden Kindern, großem Garten, vielen Tieren, viel Natur und ganz viel Platz zum Kuscheln.
Das ist das eigentliche Geheimnis ihrer großen, tiefen Liebe: Geborgenheit.
»Corinna ist meine Traumfrau. Sie ist das Beste, was mir im Leben passieren konnte«, gesteht Michael. »Mit ihr spreche ich nicht über die Gefahr. Zu Hause ist die Formel 1 weit weg.«
Und doch gegenwärtig...
Am 20. Februar wird Tochter Gina-Maria fünf Jahre alt. Nach Michaels bisher schwerstem Unfall 1999 in Silverstone, als er sich das Bein brach, wollte Gina-Maria wissen, warum? Papa erklärte, dass die Bremsen nicht funktioniert hätten. Prompt rannte Gina zu ihrem Großvater: »Opa, hilf! Wir müssen Papa neue Bremsen kaufen.«
Es war die Zeit, in der Schumi verletzt zu Hause war. Drei Monate lang. Das erste Mal in diesen ganzen zehn Jahren für einen solch langen Zeitraum. »Es war schön, ihn mal nur für mich zu haben«, bekannte Corinna später. »Ich wusste, es wird nicht für immer sein.«
Sie lässt ihn immer wieder los, weil sie ihn liebt.
»Weil ich doch weiß, wie gern Michael die Rennerei hat.« Als er damals, in Malaysia, sein Comeback feierte, lächelte Corinna nur und meinte: »Jetzt habe ich ihn wieder an die Formel 1 verloren.«
Schumis Herz – das hat Corinna gewonnen. Wohl für immer.
Und die Angst?
»Ich weiß, was in der Formel 1 passieren kann«, sagt Corinna. »Aber daran darf ich nicht denken, sonst macht man sich nur verrückt.«
Die dunklen Schatten lassen sich nicht so einfach vertreiben. Auch nach zehn Jahren nicht. Nicht bei einem Mann, der im Formel-1-Auto ständig sein Leben riskiert...
Ihr gemeinsames Leben.

GERALD SELCH

**Das Traumpaar der Formel 1, seit 5. August 1995 glücklich verheiratet**

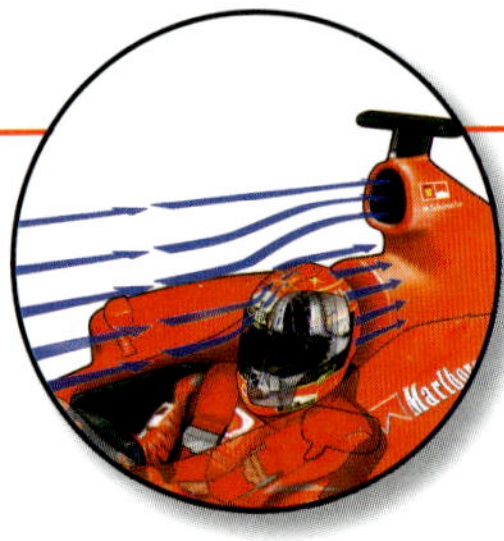

# Schumis Lebensretter

## So funktioniert und schützt der neue Helm von Michael Schumacher

Michael Schumacher fährt seit Saisonbeginn mit dem sichersten Helm der Welt. Die deutsche Firma Schuberth (Braunschweig) entwickelte den Kopfschutz für ihn und Bruder Ralf. Der Helm ist so stabil, dass ein Panzer darüber hinwegrollen könnte. Er wurde in einem Spezialofen mit der härtesten Faser der Welt (Fachbegriff: »T800«) gebacken. Ein Material, welches auch das Monocoque im Ferrari verstärkt. Der Schuberth-Helm wiegt trotzdem nur 1050 Gramm – Rekord! Zum Vergleich: Barrichellos Helm bringt über 1600 Gramm auf die Waage.

### Aussenschale

Sie wurde im Windkanal an den neuen Ferrari F1 2002 aerodynamisch angepasst. Der Helm besteht aus insgesamt zwölf Schichten



### Kühlung

Ein durchsichtiger Trichter (Größe verstellbar) fängt den Fahrtwind, der in Kanälen unterm Helm verteilt wird (siehe blaue Pfeile). 50 winzige Löcher kühlen Schumis Kopf. Die restliche Luft strömt Richtung Nase

### Gummidichtung

Ebenfalls feuerfest. Damit im Extremfall keine Flammen von oben in den Helm züngeln können

### Magnesium

Um zusätzliche Steifigkeit zu erreichen, wurden Magnesiumbänder unter hohen Temperaturen in die Helmkanten »gebacken«

### Heizvisier

Absolut beschlagfrei. Funktioniert wie die Heckscheibenheizung eines Autos. Mit Stromanschluss!

### Befestigungsbeschläge

Die Befestigungsbeschläge für den Riemen sind aus superleichtem Titan

### Schaltlampen

Der Drehzahlmesser im Helm. Fünf grüne Leuchtdioden, zwei rote. Mit dem Drehzahlmesser am Lenkrad verbunden

### Düse

Verstellbare Auslassdüse des Belüftungssystems

### Luftfilter

Ein Aktivkohlefilter schützt Schumi vor Abgasen. Er atmet dadurch immer reine Luft.

### Funkanschluss

Stecker für den Boxenfunk (Lautsprecher und Mikrofon). Zusätzlich: Datenleitung für Drehzahlmesser und Stromkabel für Visierheizung

**GEBRÜDER VOLLGAS**

Michael und Ralf Schumacher, die schnellen Jungs aus Kerpen. Und bei aller Rivalität – die beiden verstehen sich gut. Meistens zumindest…

Deutsche
Vermögensberatung
FedEx
Marlboro
TOMMY
HILFIGER
Marlboro
OMP
sparco

SCHAUM-SCHLACHT

**Ralf Schumacher gewinnt den Großen Preis von Kanada und hat seinen Bruder Michael besiegt. Von oben herab macht er ihn so richtig nass. Beiden gefällt's. Es riecht nach Champagner**

MUMM
BMW.WilliamsF1

COMPAQ
VELTINS
REUTERS
Castrol

IN-TEAM-FEINDE

Zwei, die sich nicht leiden können. Zwei, die nur ein Ziel haben: den anderen schlagen. Ralf Schumacher (vorne) und sein BMW-Williams-Kollege Juan-Pablo Montoya

## Blick in die Zukunft

**2001 gewann Ralf drei Rennen. Er hofft: »2002 könnten es mehr sein.« Und wenn alles gut geht, dann ist der kleine Bruder die größte Gefahr für den Großen. Dann kämpft er um die WM**

UTERS
Castrol
Allianz
BMW Power
Shell
BRIDGESTONE
MAGNETI MARELLI
2
FIAT
Marlboro
tic tac
CORNES
AGUSTA SKF
cenit MAHLE
brembo
FedEx

**VOLLGAS VORAUS**

Innen der Ferrari von Barrichello, außen Ralf Schumacher im BMW-Williams. Ralf zieht vorbei. Er ist auf der Überholspur. »Wir dürfen von der WM träumen«, sagt er

Mal unter Brüdern: Glaubt denn irgendjemand ernsthaft, die Formel 1 sei eine harmonische Familienfeier? Nicht wirklich. Dort, wo sich jeder selbst der Nächste sein muss, um überleben zu können, kennt der Profi keine Kompromisse und schon gar keine Verwandten. Und so steht den Freunden und Förderern des hitzigen Motorsports in der Saison 2002 vermutlich die interessanteste Duell-Beziehung in der Geschichte der Formel 1 bevor: Schumacher gegen Schumacher. Aber was ist daran so reizvoll? Dass der dreimalige Grand-Prix-Sieger gleichen Namens den viermaligen Weltmeister herausfordert? Dass der mühsam beherrschte Yuppie von BMW-Williams dem Weltstar der Formel 1 in dessen Ferrari unbedingt vorfahren möchte? »Ich definiere mich nicht über meine Verwandtschaft«, hat Ralf Schumacher im Januar gesagt. Doch je mehr er seine Eigenständigkeit betont, desto wichtiger wird die Bedeutung des Sieges im Bruderkampf.

Aufregend, mitreißend und tragisch waren Zweikämpfe in den vergangenen 51 Formel-1-Jahren immer wieder. Aber in der Regel nur Episoden für die Beteiligten. Für die Schumachers ist die Formel 1 – vermutlich unbewusst – auch ein neues Spielfeld für ihre lebenslange Konkurrenz, die Verlagerung der Jagdszenen vom Kinderzimmer auf die Rennstrecke, das uralte Aufbegehren

Früher hat der Große dem Kleinen geholfen, heute schlägt der Kleine den Großen. So ändern sich die Zeiten. Als Ralf noch ein Go-Kart-Zwerg war, machte Michael seinen Schrauber (kl. Foto). Knapp 20 Jahre später gratuliert er Ralf in Kanada zum Formel-1-Sieg

# Bruderkampf

Der Kleine will den Großen schlagen.
2002 könnte es klappen. Wenn da nicht dieser Montoya wäre...

Österreich, das Bild täuscht: Schumi war im Ferrari (hinten) schneller als die zwei Williams. Doch die rücken auch im Zeittraining immer näher. Rechts diskutiert Ralf mit Teamchef Frank Williams

# »Im Schnitt war Ralf besser«

des Jüngeren gegen den Führungsanspruch des Erstgeborenen: Formel-1-Pilot ist man für ein paar Jahre, Bruder für immer. Herzklopfen hat Michael Schumacher einst an der Boxenmauer in Monaco empfunden, als er den zweiten Sprössling aus Kerpen im Formel-3-Renner über die Zielgrade sausen sah. »Da habe ich mehr Angst, als wenn ich selbst fahre«, sagte er. Seitdem gilt der Chefpilot von Ferrari als fürsorglicher Bruder in der Familienbande, als einer, der sich um das Wohl und Wehe von Ralf kümmert, die Hand schützend drüber hält, wie ein Vater bei seinem Sohn.



Vielleicht steht Michael Schumacher deshalb nun vor der schwersten Prüfung seiner Formel-1-Karriere... Allein aus Bruderliebe hält der ältere Schumacher den jüngeren jedenfalls nicht für einen WM-Kandidaten. Dafür verlässt sich der Weltmeister bei der Leistungsanalyse zu sehr auf die Statistik: »Im Schnitt war Ralf im vergangenen Jahr besser als Juan-Pablo Montoya. Der hatte zwar zum Ende

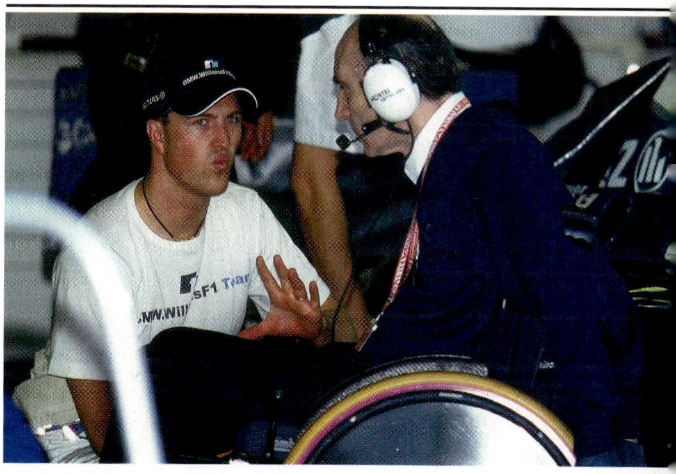

bessere Ergebnisse. Aber ich glaube, dass Ralf nach der Entscheidung im WM-Kampf nicht mehr hundertprozentig motiviert war.« Und weil der Ferrari-Schumacher BMW-Williams zutraut, ein WM-taugliches Auto auf die Räder zu stellen, erklärte er seinen Bruder und dessen kolumbianischen Teamkollegen kurzerhand zu seinen Hauptrivalen für 2002. Was aber geschieht, falls der Weltmeister diesmal in einen dauerhaften

Interessenskonflikt gerät, weil nun mal der Sinn für brüderliches Teilen nicht unbedingt zu den gewinnbringenden Charaktereigenschaften in der Formel 1 gehört? »Wir werden immer Brüder sein!«, hatte der große Schumacher im vergangenen Jahr ausdrücklich beteuert und seinen Zuhörern die Vollendung des Gedankens überlassen: Egal, was passiert. Wer beim Rennen auf dem Nürburgring 2001 dabei war, muss den Schwur im Nachhinein als Botschaft deuten: Beim Grand Prix hat die Bruderliebe ihre Grenzen. An jenem Sonntag im Frühsommer umarmten sich die Schumachers zur Abwechslung mal nicht nach getaner Arbeit. Nach Michaels Sieg beim dem Großen Preis von Europa blieb die öffentliche Verbrüderung aus. Mit Montoya und David Coulthard (McLaren-Mercedes) kletterte der Weltmeister auf das Podium zur feuchtfröhlichen Siegerehrung, während Ralf als Vierter grußlos davonstapfte, nachdem er zuvor seinen Bruder beim obligatorischen Wiegen in der Garage der Kontrolleure des

Internationalen Automobil-Verbandes zur Rede gestellt hatte. Später hieß es, Ralf habe sich über seine selbstverschuldete Niederlage in der Eifel geärgert und auch ein bisschen über die heikle Verdrängungsstrategie von Michael beim Start, die Ralf trotz aussichtsreicher Attacke zum Rückzug zwang. »Ich weiß, dass es unfair aussieht. Aber die Regeln erlauben so ein Manöver. Man muss dafür sorgen,

Abgehoben. Juan-Pablo Montoya gibt mächtig Gas. Gegen Saisonende wurde er immer besser

# »Wir werden immer Brüder sein«

Quergestellt. Ralf rutscht in Österreich von der Piste, Michael kann im Ferrari vorbei

# »Wir lassen uns Platz zum Überleben

dass man vorne bleibt«, erklärte Michael. Ralf hätte seinen Teil dazu sagen können. Aber er schwieg. Der Fahrstil des Ferrari-Stars hatte ihn obendrein noch mehr geärgert als dessen Schlenker beim Startmanöver.
Denn Schumi I nutzte alle Tricks des modernen Rennfahrens, um Schumi II im schnelleren BMW-Williams die Chance zum Überholen zu nehmen: Früheres Anbremsen vor der Kurve, wo Ralf immer Schwung holen wollte für einen Angriff auf der Geraden, gelegentliche Rhythmus- und Linienänderungen bis hin zum Schließen der »Tür« im allerletzten Moment bei einem aussichtsreichen Manöver von Ralf in der Dunlopkehre.
»Er hat alles das gemacht, was ein Weltklassepilot machen muss, um seine Position zu verteidigen, wenn sein Auto langsamer ist«, sagte der Sportdirektor von BMW, Gerhard Berger, und lachte: »So ist die Formel 1.« So ist es auch unter Brüdern. Häufig härter, kompromissloser und brutaler als beim Spiel mit Fremden. »Wir kennen uns doch am besten, wir wissen, wie der andere reagiert, und wissen, wie viel Platz der andere zum Überleben braucht«, erklärt Michael die ungeschriebenen Regeln der Schumachers. Er hat sie schon mehrfach zu seinen Gunsten genutzt. Der Jüngere noch nicht.
Und so stellt sich die Frage, ob der freche, mitunter unausgeglichene zweite Mann aus Kerpen vielleicht doch einen Tick mehr kompromissbereit ist als der Weltmeister. Ganz sicher sind sein Zielbewusstsein und die nötige Disziplin längst nicht so ausgeprägt.
Stünden sonst drei Grand-Prix-Siege in fünf Jahren den 53 von Michael in zehneinhalb gegenüber? Über den feinen Unterschied ist sich die Branche nicht erst einig, seit Patrick Head im Winter öffentlich die Arbeitseinstellung seines Piloten kritisierte.
Ralf ließ sich immer wieder gerne ablenken. In der Vergangenheit von Autos, Booten, Fliegern, Hubschraubern, Pferden, Stieren. Noch früher, zu Formel-3-Zeiten, trimmte Manager Willi Weber seinen abschweifenden Zögling laut eigener Aussage gar schon mal mit Ohrfeigen wieder auf Kurs. »Er hat das Talent, aber er braucht mehr Führung und mehr Zeit als Michael«, sagte Weber zum Formel-1-Einstieg des zweiten Schumachers 1997 bei Jordan. Bislang hat er Recht behalten. Über die Jahre arbeitete sich Ralf vom Talent zum millionenschweren WM-Kandidaten hoch: »Ich will mehr Rennen gewinnen dieses Jahr«, sagte Ralf dann auch bei der Präsentation des neuen BMW-Williams und fügte hinzu: »Vielleicht schaut dabei die WM heraus.« Das wäre ein Doppelerfolg. Denn ein Weltmeister Ralf Schumacher hätte nicht nur das Syndrom vom kleinen Bruder überwunden, sondern gleichzeitig noch mit seinem Teamkollegen Juan-Pablo Montoya den gefährlichsten Rivalen der Schumachers in der Formel 1 bezwungen. Jenen risikofreudigen Südamerikaner, der im ersten Jahr respektlos jede Lücke bei Vollgas nutzte, um sich an dem Weltmeister vorbei in den

Vordergrund zu schieben. Montoyas Auftritt in der vergangenen Saison erinnerte an Michael Schumachers atemberaubendes Debüt. Man könnte glauben, die zwei seien – auf der Rennstrecke – Brüder im Geiste.
So gesehen wird es 2002 mehrere Bruder-Kämpfe geben.

FRANÇOIS VITESSE

ANFÜHRER

So hat sich das Juan-Pablo Montoya vorgestellt: Er im BMW-Williams vorne weg, die beiden Ferraris mit Schumacher und Barrichello dahinter. Monza, 2001. Montoya gewinnt seinen ersten Grand Prix

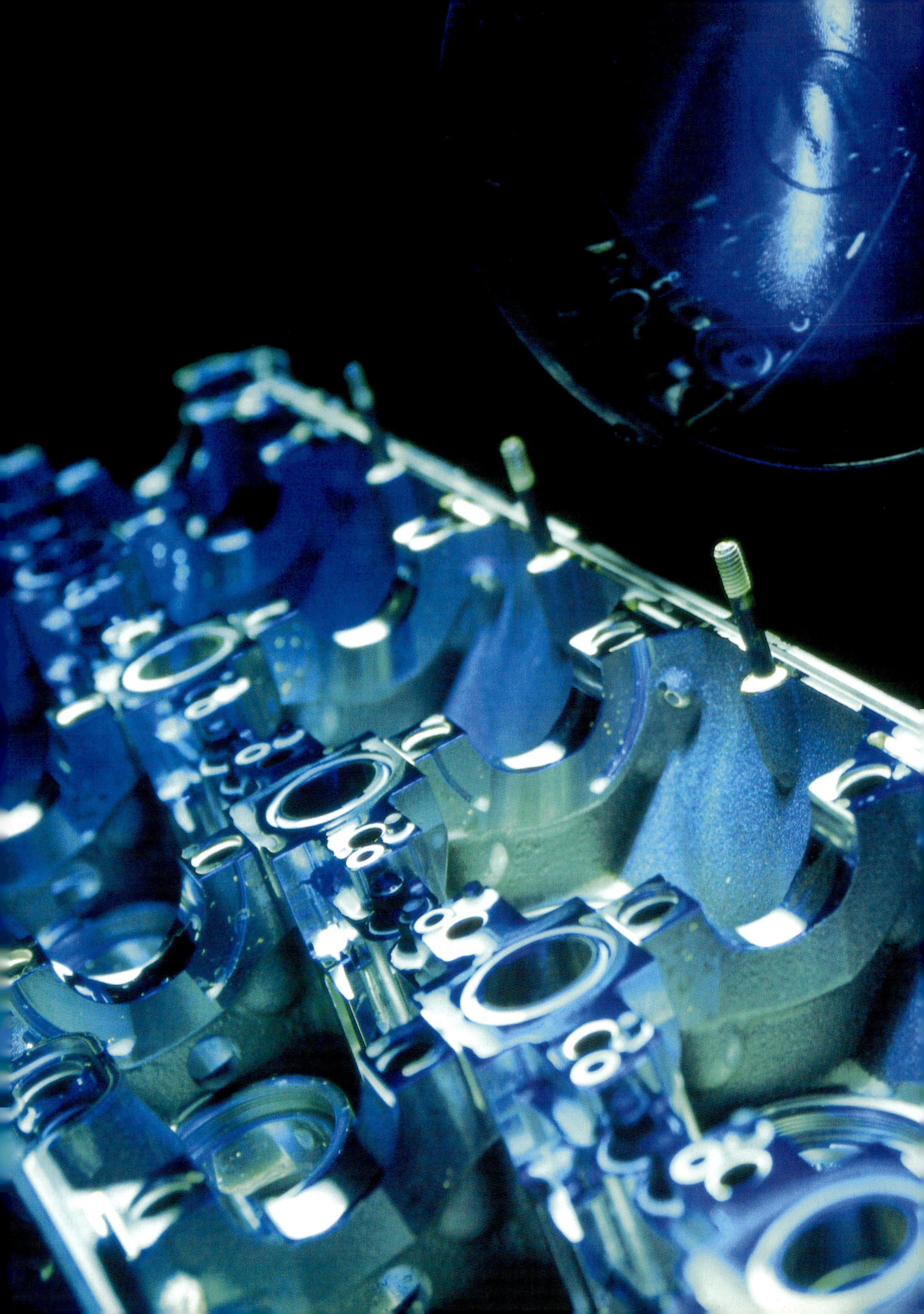

**Blaulicht**

Ein BMW-Zylinderkopf wird unter UV-Licht auf feine Risse kontrolliert. Um unerwünschte Luft-Einschlüsse zu entdecken, untersucht man die Motorenbauteile zusätzlich in einem Computer-Tomographen

# Hightech in Handarbeit

Erste Fotos der BMW-Motorenschmiede. Etwa 200 Aggregate werden hier im Jahr gebaut. Alle made in Bayern

**BMW-Motorenchef Dr. Mario Theissen neben seinem »PS-Baby«**

**Die Formel-1-Fabrik ist direkt ans BMW-Stammhaus in München angeschlossen**

**Ein Fan von weiß-blauer Bayern-Power. Weltweit hat BMW einen guten Namen**

»Mir san mir«, das ist Ausdruck bayerischen Selbstbewusstseins. Der Bayer pflegt seine Lebensart, schätzt das Typische und ist stolz auf Hausgemachtes. Die Bayerischen Motoren Werke sind zwar ein Global Player, aber nichts desto weniger eine urbayerische Ikone. In der Verdichtung bedeutet dies: Es taugt den Bayern innerhalb und außerhalb von BMW ganz riesig, dass man in Sachen Formel 1 alles selber macht.

Wo? In München natürlich. Am Kernstandort, genährt am mütterlichen Konzern-Busen. Der Bau der mächtigen Formel-1-Triebwerke, die der internationalen Konkurrenz auf Anhieb Respekt einflößten, ist eine innere Angelegenheit. Ehrensache.

BMW baut seinen Dreiliter-Zehnzylinder mit 90 Grad Bankwinkel, das gilt derzeit als kommode V-Öffnung – nicht so eng, dass der Motor zu hoch baut und der Schwerpunkt zu weit oben liegt, nicht zu weit, als dass man Steifigkeitsprobleme bekäme wie man sie jüngst Renault mit 110 Grad Spreizung nachsagte.

In der Saison 2001 war der BMW Motor mit dem Typenschild P80 wohl der stärkste der gesamten Formel 1. Genaue Leistungsdaten erfährt man natürlich nie. Aber Ende der Saison hatten sich die BMW-Motorsport-Direktoren Mario Theissen und Gerhard Berger nicht mehr gewehrt, wenn man sie mit Annahmen von 850 PS und 18 300 U/min im Renntrimm konfrontierte. Der P82 für die WM 2002 ist eine komplette Neukonstruktion und hat noch mehr Power. Mit seiner Kraft will BMW 2002 die Sterne vom Himmel holen, den Silbernen den zweiten WM-Platz abknöpfen.

Selbstbewusstein erzeugt auch Druck. 1997 hatte BMW auf der IAA in Frankfurt den Formel-1-Einstieg für das Jahr 2000 angekündigt. Der damalige Vorstandsvorsitzende Bernd Pischetsrieder nutzte seinerzeit die Gelegenheit, um sich sturzgefährdet aus dem Fenster zu lehnen: BMW betreibe keinen Ventildeckelmotorsport, stichelte er in Richtung Mercedes, die ihre Motoren von einem talentierten Schweizer in England bauen lassen. Und 50 Rennen bis zum ersten Sieg wolle man auch nicht brauchen, hatte der Bayer weiter getönt.

An jenem Septembernachmittag hatte noch kein BMW F1-Motor der neuen Generation auch nur ein einziges Mal gezündet. Den Konstrukteuren wurde bei so lautem Selbstbewusstein auf der Stelle übel.

Der Vorstand hatte den F1-Plänen von Nocken-Paule – Paul Rosche, dem langjährigen Motorenpapst des BMW-Motorsports – nur unter der Bedingung zugestimmt, dass nicht nur Gutes für die Marketingabteilung, sondern auch Nützliches für die Techniker aus der Serienentwicklung dabei rumkäme. Somit war klar: Es muss alles bei BMW selbst passieren. Dort werden denn auch tatsächlich sämtliche Kernteile des V10 entwickelt und gefertigt – ob Zylinderkopf, Kurbelgehäuse, Kurbel- oder Nockenwelle oder elektronische Steuerung. Dafür wurde eine eigene Formel-1-Fabrik gebaut, und zwar nur einen Steinwurf vom Forschungs- und Innovationszentrum für Straßenautos entfernt. Die beiden Denkstuben spannten zusammen. Vor allem auf dem Gebiet der Elektronik. Dass die Münchner auch an dieses komplexe Thema keinen Formel-1-Routinier ranlassen wollten, wurde erst einmal belächelt. So sei es eben, wenn sich Naivität und Selbstüberschätzung miteinander ins Bett legten, man witterte Anfängerfehler. An den Bayern prallte das ab. Dieselben Ingenieure, die sich sonst mit der Bordelektronik für die Modelle M3 und M5 befassen, schufen auch das Superhirn für die Formel-1-Maschine. Weder in der ersten noch in der zweiten Saison fiel ein Auto des BMW-Williams-F1-Teams mit Elektronikdefekt aus. Auch nicht, als dieses Feld mit Wiederzulassung von Startautomatik und Traktionskontrolle erheblich erweitert wurde.

Der Konkurrenz gefror das Lächeln. Vor allem, wenn mal ein eigenes Auto wie festgeschraubt am Startplatz stand, weil die Elektronik verrückt spielte. Die Anforderungen an eine Blackbox für die Formel 1 sind immens. Bei Maximaldrehzahl wird in einer einzigen Sekunde mehr als 9000-mal die Motordrehzahl gemessen. Das menschliche Auge schafft ge-

**Siege motivieren. In der Landshuter Formel-1-Gießerei erinnert man sich gerne an den 15. April 2001. Ralf triumphierte in Imola**

**Werk München. Endmontage des Motors. Kein Krümel Staub auf dem Boden, Arbeitstische penibel sauber**

**Ein Elektronik-Spezialist prüft die hochkomplizierte Steuereinheit des Formel-1-Zehnzylinders**

Der fast fertige Motor wird verschlossen, verschraubt...

...und per Flaschenzug in einer spezielle Transportkiste gehievt

Deckel zu – und reisefertig. BMW nimmt normalerweise zehn Motoren mit zu jedem Rennen

rade mal einen Wimpernschlag. Im selben Zeitraum werden insgesamt 150 000 Motor- und Fahrzeugdaten erfasst und verarbeitet. Das geht nur mit speziellen Hochleistungsprozessoren. Deren Entwicklung und Erprobung ist aufwendig. Erst das Projekt F1 hat die BMW-Ingenieure in diese Bereiche vorstoßen lassen.

Mittlerweile stecken die Ergebnisse schon im neuen 7er. Dort haben sie es natürlich leichter. Während die Sensoren und Rechner im Flagschiff des Hauses scheinbar schwerelos dahingleiten, werden sie im FW24 gnadenlos durchgerüttelt. Vibrationen sind pures Gift im Streben nach Zuverlässigkeit. Von Flugzeugabstürzen weiß man, dass die Blackbox fast immer heil bleibt. Allerdings ist es in diesem Fall auch relativ wurscht, was das explosionsgeschützte Gehirn auf die Waage bringt. In der Formel 1 dagegen wird um jedes Gramm gerungen. Um sicherzustellen, dass elektrische Anschlüsse und Lötstellen die Belastungen eines Grand Prixs mit Ralf Schumacher oder Juan- Pablo-Montoya überstehen, werden bei BMW Komponenten wie die Motorsteuerung auf einem speziellen Vibrationsprüfstand getestet. Die dabei auf die Prüflinge einwirkenden Kräfte entsprechen etwa dem sechsfachen ihres Gewichts. Zehn Renndistanzen lang, also rund 3000 Kilometer, werden Regler, Steuereinheiten und andere elektrische und elektronische Bauteile in der Simulation über Stock und Stein gehetzt und dabei ständig auf ihre Funktion geprüft.
Die Formel 1 bedeutet eine Zerreißprobe für das gesamte Material.
Schauplatz Monza. Auf der Geraden durchbrechen die Piloten die 350-km/h-Grenze, siebte Welle

ausgedreht. Der Motor kreischt. Er muss jetzt in einer einzigen Sekunde 300 Umdrehungen schaffen. Dabei ereignen sich 1500 präzise gesteuerte Zündungen. Die Kolben legen bei ihrem Auf und Ab 25 Meter zurück – dieses Tempo bedeutet Urgewalten, denen nicht viel standhält.
Der Block, der es letztlich tut, kommt aus dem Sandkasten...
Sandgussverfahren heißt die Methode, mit der in der Landshuter BMW-Formel-1-Gießerei die Aluminium-Skelette für Grand-Prix-Siege entstehen. Heißes Aluminium fließt in Formen aus speziellem Gusssand. Der Sand wird mit Kunstharz gebunden und perfekt modelliert. Bei den Hightech-Triebwerken wird mit derart geringen Wandstärken gearbeitet, dass die Sandform noch bei weniger als zwei Millimetern Querschnitt standfest sein muss – da passen nicht mal mehr ein Dutzend Sandkörner nebeneinander. Auch der Gussvorgang selbst verlangt die Sensibilität eines Goldschmiedes. Beim Erstarren des Aluminiums dürfen sich keine Blasen bilden. Beim Erstarren nimmt das Volumen um sieben Prozent ab, es muss zur richtigen Zeit und an richtiger Stelle nachgefüttert werden. Die Schrumpfung bis zur endgültigen Abkühlung – rund ein Prozent – muss beim Modellbau berücksichtigt werden. Um zu gewährleisten, dass Temperatur- und Volumenveränderung keinen Schaden angerichtet haben, wird aufwendige Qualitätskontrolle betrieben.

Die Bauteile für das F1-Triebwerk werden mittels Computertomographie geprüft. 20 Stunden beispielsweise verbringt ein Zylinderkopf in der CT-Röhre. Rund 200 Exemplare dieser handgefertigten und hausgemachten V10-Motoren verlassen die Münchner F1-Schmiede per anno. Sie sind nicht alle neu. Einige sind revidiert – generalüberholt – und kommen im Training oder bei Testfahrten zum Zug. Taufrisch indes sind stets die Rennmotoren.

Wenn die Startampel geschaltet wird, haben sie lediglich ein paar Inspektionsrunden aus dem morgendlichen Warm-up auf der Kurbelwelle...
Zehn Motoren hat BMW pro Grand Prix im Gepäck – einen für jedes Auto an jedem Tag, plus Ersatzauto und Reserve für Schäden. Für deren Bereitstellung und pausenlose Weiterentwicklung sorgen in der Münchner Fabrik 220 Mitarbeiter. Das ganze Unterfangen strahlt eine Seriosität aus, wie wenn die Philharmoniker Rock'n' Roll spielen; es hat so gar nichts von auf der Straße zusammengesuchten *No Angels*. Und doch wurde die BMW-Nummer zum Chartbreaker: Es hat nur 21 Rennen bis zum ersten Sieg gedauert.
An jenem Tag, dem 15. April 2001, hat sicher auch ein Bayer in Wolfsburg durchgeschnauft: Bernd Pischetsrieder, mittlerweile in VW-Diensten. Er hatte dafür gesorgt, dass es ein Erfolg mit Ansage wurde.
Und die haben diese unvergleichliche Schönheit, die von innen kommt...

Heike Hientzsch

**Die Herstellung der Sandformen für den Guss des Motorenblocks. Diese werden mit Kunstharz gebunden...**

**...und perfekt ausmodelliert. Wandstärke: nur rund zwei Millimeter. In diese Form fließt das Aluminium, welches...**

**...in so einem Spezialofen erhitzt wurde. Beim Erstarren in der Form dürfen sich keine Blasen bilden.**

**Der fertige Motorenblock wird geprüft und mikroskopisch-sauber gereinigt**

LUCKY STRIKE
TISCALI
REFUEL

**SCHIRMFRAU**

Auch ein Job, vielleicht sogar kein schlechter: Die Betreuerin von Jaques Villeneuve spendet Schatten vor dem Start. Ihr Chef unterhält sich mit einem Ingenieur. Die Ruhe vor dem Sturm

# Kein Job wie jeder andere...

**Drei Menschen, drei Aufgaben – eine Gemeinsamkeit: Die Formel 1 ist ihr Leben. Ein Blick hinter die Kulissen**



Job-Maschine Formel 1: Im Fahrerlager gibt es Jobs, die gibt es nirgendwo sonst auf der Welt. Vielleicht auch, weil sie von Menschen ausgeübt werden, die anderswo schwer zu finden sind – wie drei Beispiele zeigen...

### Salvatore Belgiovine (43)

Wer ihn in Aktion erlebt, dem fällt angesichts der massigen Statur sofort ein Banken-Werbeslogan ein: »Wir machen den Weg frei.« Wer Salvatore Belgiovine am Eingang zum Ferrari-Teamzelt – wo er sich erst mal jedem in den Weg stellt – seinen Standpunkt vertreten sieht, der weiß, warum der Mann nur »Tore« gerufen wird. »Tore« klingt nicht zufällig wie »Torre« – der Turm. Tore ist Schumis Bodyguard vor Ort und geht ungeprüft als einer der stärksten Männer in der Formel 1 durch. Einsneunzig groß, 108 Kilo schwer, Bizeps mit zwei Händen nicht zu umfassen. Wer Michael Schumacher beschützen soll, der braucht zunächst mal wenig andere Argumente. Fitnesstraining? »Ich begleite Michael manchmal bis zum Kraftraum«, sagt er. Er selber quält sich selten mit den schweren Eisen. »Mamma natura«, sagt er und tippt sich auf den Brustkorb. Seit neun Jahren ist Salvatore da, wo man ihn braucht. Sein Leistungsspektrum geht weit über die Dienste hinaus, die eigentlich in seinem Arbeitsvertrag mit dem Ferrari-Hauptsponsor festgeschrieben sind. So bestimmt sein Auftreten ist, wenn er im Fahrerlager für Schumis Sicherheit verantwortlich ist, so verwandelt wirkt er hinter dem Tresen im roten Vorzelt. Filigran werden die Handbewegungen, wenn er – beinahe zärtlich – das Gemüse fürs Mittagessen schneidet. Hart bleibt er dann nur, wenn es um die Nudeln geht. Tores Pasta gilt als die Beste, *al dente* eben. Ein Mann für Leib und Magen. Beide Jobs, richtig gemacht, bedürfen einer gewissen Empfindsamkeit. Seit neun Jahren ist Salvatore Belgiovine in der Formel 1. Seine Probezeit dauerte ein Grand-Prix-Wochenende lang, damals in Donington. »Die wollten sehen, ob ich ihnen sympathisch bin«, erinnert er sich. War er, offensichtlich. Denn seither ist er nur noch im Dezember vier Wochen am Stück zu Hause in Turin und den Rest des Jahres auf Achse.

> Wo Schumi sich bewegt, muss Tore sich bewähren

Wo Schumacher sich bewegt, muss sich Tore bewähren. »Ich passe auf, dass ihm niemand zu nahe kommt«, sagt der Schutzen-

**Die Ferrari-Motorhomes, das Reich von Salvatore. Links der Bus von Sponsor Marlboro, rechts der Team-Truck**

**Er kocht den besten Espresso, macht die beste Pasta – und passt »nebenbei« auch noch auf Schumi auf: Salvatore Belgiovine**

Hübsch sein alleine reicht nicht, jede Bewegung ist einstudiert: Grid-Girl Julia Seibel

gel. Längst nicht mehr nur im Fahrerlager, sondern auch bei öffentlichen Auftritten. Ein einziges Mal

## Ein echt starker Typ. Meint auch Freundin Lea

sei es bisher eng geworden, als Schumacher nicht nur wie üblich mit Mikrofonen vor dem Gesicht herumgefuchtelt wurde, sondern auch mit Zigaretten. »Das mag er gar nicht, da ist er empfindlich«, weiß Belgiovine. Soll nicht mehr vorkommen. Zielperson und Zielfahnder verstehen sich ohne große Worte. Salvatore behält den Überblick, und weist – selbst im größten Getümmel – mit ein paar unauffälligen Handbewegungen den (Flucht-)Weg. »Wenn die anderen aufgeregt sind, muss ich ruhig bleiben«, sagt der 43-Jährige, »da kommt mir meine Discothekenerfahrung zugute.« Wie heftig es manchmal ist, dem Weltmeister den Rücken freizuhalten, erfuhr Salvatore Belgiovine am eigenen Arm. Als in Suzuka 2000 jeder aus der Hundertschaft der Grand-Prix-Fotografen den Schnappschuss vom siegreichen Ferrari-Piloten haben wollte, stand Tore mit dem Rücken zur Menschenwand. Er verteidigte seine Position mannhaft, bis zum Armbruch. Krankentransport nach Hause, aber Auftrag erfüllt.
Ein echt starker Typ. Meint auch Freundin Lea, deren persönlicher Bodyguard er schon seit 20 Jahren ist.

An Michael Schumacher schätzt er die »Ausgeglichenheit und die absolut professionelle Einstellung«. Beides Kriterien, an denen sich Salvatore Belgiovine selbst misst. Über die Sprachbarriere hinweg spielen sich die beiden die Bälle zu. Im letzten Herbst in Indianapolis war das wortwörtlich zu nehmen. Auf den Trikots der Ferrari-Mannschaft, für die Schumi und sein Leibwächter kickten, stand »Tore«. Darauf ist Salvatore mindestens so stolz wie auf die Siege von Juventus Turin.
Gleichzeitig ist das der einzige Streitpunkt mit seinem Bruder Massimo. Der arbeitet inzwischen auch als Türsteher in der Formel 1, schwärmt aber für den AC.
Auf alles kann eben auch Salvatore nicht aufpassen.

### Julia Seibel (25)

Auch die gilt es manchmal zu beschützen, wenn sie vom Fahrerlager Richtung Startaufstellung läuft. An diesem Sonntag beim Großen Preis von Deutschland ist sie die klare Nummer eins – die Zahl steht groß auf dem Schild, das sie vor sich herträgt. Nach ihren persönlichen Favoriten gefragt, ist die Auskunft des Nummerngirls nicht ganz so eindeutig: »Ich habe zwei Daumen – und die drücke ich für die beiden Brüder.« Die Schumachers. Wobei sie dem Jüngeren den Vorzug geben würde: »Ralf finde ich besonders süß.«
So kurz vor dem Start haben die Piloten nur eins vor Augen: Ihre Ideallinie. Und, zwangsläufig, die von Julia und Kolleginnen, die vor den Rennwagen postiert sind. Doch die schönsten Gesichter der Formel 1 bleiben den Fahrern verborgen – die jungen Damen zeigen den Fahrern demonstrativ die Kehrseite. Das Antlitz gehört dem Publikum. Während sie die Stange mit der Nummertafel halten, dürfen sie sich nicht von der Stelle rühren. Das wird am Abend vor dem Rennen immer wieder eingedrillt. Wie frau in der Startaufstellung nach vorn kommt?
Ein bisschen Konkurrenzkampf gebe es schon, sagt Julia. Aber auch nicht mehr als in jeder Disco. Und am Ende bestimmen das ganz einfach die Leute von der Agentur. Sie lande häufig ganz vorne – aber auch die hinteren Startplätze hätten ihren Reiz: »Da hat man wenigstens das ganze bunte Treiben vor Augen.«
Startaufstellung, das ist eine einsame Stehparty mitten im Getümmel, die eine halbe Stunde und länger dauern kann. »Manchmal«, sagt Julia Seibel, die in Moskau

**Verdeckte Arbeit. Ein Williams-Mechaniker schraubt im Verborgenen**

geboren wurde und in Bonn lebt, »weiß ich gar nicht, in welche Kamera ich gucken soll.«
Kein Grund, nervös zu werden. Die Blickrichtung wird ebenso vorgeschrieben wie die Art und Weise, in der das Schild gehalten werden muss. »Wenn jede machen könnte, was sie wollte, würde es das ganze Bild kaputtmachen«, sagt Julia. Mit Ästhetik kennt sich die Dame aus, die Fingernägel korrespondieren Ton in Ton mit dem Silber ihrer Dienstkleidung. Denn im richtigen Leben studiert sie Design an der Fachhochschule Köln. Formel 1, das ist nur ein spannender Nebenjob. Ein paar Mal im Jahr marschiert sie selbst in die Motodrome ein, an den anderen Rennwochenenden ist sie Fernseh-Fan. Obwohl sie eigentlich eine ganz andere Fortbewegungsart schätzt: »Inlineskating«.
In die Startaufstellung ist sie über eine Agentur gekommen, für die sie sonst bei Modeschauen auftritt. Gerade erst hat sie ein Foto-Shooting für Harley-Davidson absolviert. Auch etwas Einmaliges, aber nicht mit der Formel 1 zu vergleichen: »Hier hautnah dabei zu sein, ist schon was ganz anderes.« Wenn sie einen Fahrer anlächle (»Die sind richtig im Stress«) bedeute es nichts. Sie wird ganz ernsthaft: »Das hat nichts mit einem Flirt zu tun. Die machen hier ihren Job und wir auch.«

Getuschelt wird bei den Bekannten zu Hause nicht: »Die meisten fragen mich nur, ob ich günstige Tickets besorgen kann.« Die Klischees vom Boxenluder kennt sie natürlich alle, obwohl die Bauchnabelfreiheit im Rennsport auch nicht größer ist als die in jeder deutschen Fußgängerzone. Kontakthof Fahrerlager?
Julia weiß, dass die meisten Formel-1-Fahrer in festen Händen sind. Eine Meinung zur RTL-Umfrage (»Sex vor dem Rennen – Ja oder Nein?«) hat sie auch: »Es kommt immer darauf an, ob er gut oder schlecht ist.«

### Neil Dickie (46)

Er hat einen noch glanzvolleren Job als die Nummerngirls – jedenfalls vom Prinzip her ...
Entsprechend ist der Mann von Jaguar Racing gerüstet. Sprühdose, Wasserschlauch und ein weiches Tuch gehören zu seinen bevorzugten Arbeitsmaterialen. Wo alles um die Wette glänzen will, dürfen die im satten Grün gehaltenen Rennwagen und Renntransporter nicht nachstehen.

## Schnell runter mit dem Staub von der Straße

Einer von Dickies Jobs ist es, den Fuhrpark von Jaguar Racing auf Hochglanz zu trimmen. Nicht bloß sauber hat seiner Meinung nach alles zu sein – sondern rein. Wasser marsch! An einem durchschnittlichen Arbeitstag im Formel-1-Fahrerlager wird mehr, häufiger und vermutlich auch gründlicher geputzt als es sich Otto Normalautofahrer vorstellen kann. Eigentlich ungerecht, dass es für das Polieren um die Wette keine WM-Sonderpunkte gibt. Zuständig für die Außenwirkung sind traditionell die »Truckies«, jene Männer also, die das ganze Material, das ein Rennstall vor Ort braucht, kreuz und quer durch Europa kutschieren. Der Renn-Truck hat 33 Tonnen geladen, der Werkstatt-Truck 37 Tonnen Material, der Service-Truck 30 Tonnen. Die Menge der Fracht sagt schon eine Menge darüber aus, welches Volumen Neil Dickie und seine Kollegen zu polieren haben. Erste Amtshandlung, wenn sie zu Wochenbeginn im Fahrerlager eintreffen: Die Lkws vom Staub der Straße zu befreien. »Wash and go« nennen sie das. Zum Wohlgefallen des riesigen stilisierten Jaguars auf den Seitenflächen der Trucks – Raubkatzen gelten schließlich als sehr reinliche Tiere. Aber Putzen ist nicht gleich Putzen. »Man kann nicht jedes Mittel nehmen, das einem im Su-

**Gegessen wird in der Garage. Auf Klappstühlen. Hier das letzte Benetton-Essen überhaupt. In Suzuka. Eine Art »Henkersmahlzeit«: 2002 heißt das Team Renault**

**Ein Mann für alle Fälle. Reifenreiniger und Truck-Fahrer. Jaguar ist sein Leben: Neil Dickie**

Starke Hände tanken schneller. Der Rüssel wiegt um die 30 Kilo, da gilt es zupacken zu können

permarkt angepriesen wird«, belehrt der Brite, der seit 1995 im Formel-1-Geschäft und seit 1998

## Autowaschen ist reine Männersache

bei Jaguar Racing als Saubermann amtiert. Einerseits muss der Reiniger zwar porentief den Lack vom Dreck befreien und ihn anschließend versiegeln, andererseits darf er die Sponsorenaufkleber natürlich nicht angreifen. Der Kompromiss, den Dickie in der Hand hält, nennt sich »Stardust«. Darauf schwört er schon in der dritten Saison in Folge. »Auch für die Reinigung gilt der Formel-1-Anspruch, dass alles, was man tut schnell und sicher passieren muss.« Ein mit Silikonkonzentrat angereichertes Wachs zum Sprühen – damit im Fall von Regen die Tropfen von der Lackierung um Welten schneller abperlen als bei jedem herrlich kühlen Bierglas. Etwa 1500 der Halbliter-Dosen werden für die Trucks während einer Saison verbraucht. Gelegentlich kommen Kollegen anderer Rennställe vorbei, um über die Reinigungsprozedur zu fachsimpeln, jeder hat ja so seine Tricks. Und will damit glänzen. Aber auch die Teammitglieder, die in der Garage das Chassis strahlend Grün und Weiß zu halten haben, holen sich vom erfahrenen Trucker häufig Tipps. Schließlich multipliziert sich bei einem Fahrtwind von bis zu 300 km/h auch der Verschmutzungsfaktor. Und die Rennwagenhülle hat immer picobello zu sein, das verlangt allein der Fernsehauftritt. »Wir wollen, das Jaguar Racing auf den ersten Blick einen professionellen Eindruck macht«, sagt Neil Dickie über die permanente Säuberungsaktion. »Es gibt eine Menge Leute, die eine Menge Geld in das Team investieren, deshalb können die Sponsoren und die Gäste des Rennstalls auch erwarten, dass wir in jeder Hinsicht einen ordentlichen Job machen.«

Eine der ersten Amtshandlungen daher, wenn die Transporter am Montag vor den Rennen vor den Boxen anrollen: Den Boden der Garagen frisch streichen, versiegeln und gegebenenfalls polieren. Für Letzteres ist eine eigene Maschine mit im Gepäck.

Wie viel Zeit die Putzerei in Anspruch nimmt?

»Eine ganze Menge«, sagt Neil Dickie – und das bedeutet viel bei einem durchschnittlichen 14-Stunden-Arbeitstag an der Strecke. Auf Nachfrage präzisiert er: »Vier Stunden täglich dürften es schon sein.« Macht etwa 180 pro Rennjahr. Neil Dickie kümmert sich aber nicht nur darum, den Transportern den gewünschten Glanz zu geben.

Die Elektronik-Pässe fürs Fahrerlager sind knapp, die Effizienz innerhalb eines professionellen Formel-1-Rennstalls ist hoch, häufig macht jeder noch einen Zweit- oder gar Drittjob mit erstklassigem Anspruch, versteht sich. Neil fährt und poliert daher nicht bloß seinen Truck, er sorgt auch dafür, dass die Piloten vor jeder Session auf der Piste frische Rennbekleidung bekommen – Overalls, feuerfeste Unterwäsche, Handschuhe, Rennstiefel. Saubere Arbeit ist gefragt, auch in dieser Hinsicht. Neil Dickie ist die Klementine des Teams – und das ist ein Kompliment. Damit aber immer noch nicht genug: Neil ist auch für die 60 Reifen und Räder zuständig, die Pilot Eddie Irvine während eines Wochenendes einsetzen darf.

Das bedeutet: Zusätzliches Schrubben der Felgen. Donnerstags einmal, freitags dreimal, samstags viermal, sonntags dreimal.

Ist Neil Dickie dann nach getaner Arbeit wieder in England angekommen, wartet die nächste Arbeit auf ihn. »Das Auto meiner Freundin muss gewaschen werden. Sie sagt, dass sei Männerarbeit.« Wohl wahr.

Richard Blehn



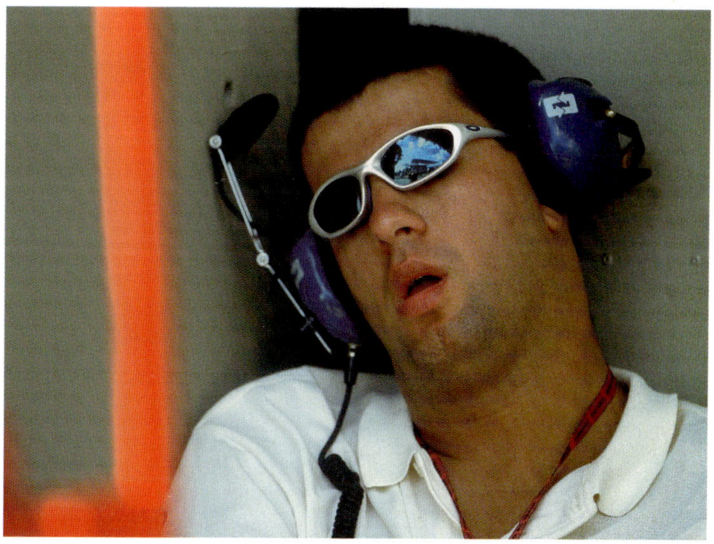

**Ein Nickerchen in Ehren – oft ab fünf Uhr morgens sind die Mechaniker auf den Beinen**

STARTHILFE

**Mechaniker und Ingenieure treffen am Startplatz letzte Vorbereitungen. Ralf Schumacher sitzt längst im Auto. In wenigen Minuten geht es los**

BMW.WilliamsF1Team
WORLDCOM
BR
PETROBRAS
5
Castrol
MICHELIN
Castrol
NORTEL NETWORKS
BRIDGESTONE
Motorsport

König der Küche

Im BMW-Motorhome, in dieser kleinen Edelstahl-Kombüse, zaubert Joschi Walch mit seiner Mannschaft jeden Mittag mehrere Gänge. Feinstes Gourmet-Essen, das vielleicht beste im Fahrerlager. Im »Hauptberuf« ist der Österreicher Hotelier am Arlberg

REIFENLAGER

**Michelin bereitet die Rennreifen vor. Sie sind übrigens mit Helium statt Luft gefüllt, weil in der Formel 1 jedes Gramm zählt – und Helium leichter ist. 2002 fährt auch McLaren-Mercedes auf Michelin**

MICHELIN
BBS
RACING

Der Silberpfeil 2002, ein revolutionäres Auto: McLaren-Mercedes setzt mit dem neuen MP4-17 alles auf eine Karte

# Neues Tafelsilber

**McLaren-Mercedes hofft auf eine glänzende Saison. Alles ist neu. Nur die Farbe Silber blieb**

Der neue Silberpfeil ist da. Und hoch über der Tanzfläche im Baja Beach Club am Hafen von Barcelona hing eine Rettungsinse... Formel-1-Teams gehen nun mal gern auf Nummer Sicher!
McLaren-Mercedes macht da bei der Vorstellung des Schumi-Herausforderungs-Mobils keine Ausnahme. Im Gegenteil: War es im Vorjahr doch ebenfalls in Spanien, als Mika Häkkinen – den Sieg vor Augen – in der allerletzten Runde gestrandet war. Das hatte Symbolwert und Auswirkungen auf den Rest der Saison.
Jetzt soll alles besser werden.
Die Cocktailgäste blieben beim Neustart auf der Beach-Party ungefährdet, aber der Vize-Weltmeister geht seit dieser offiziellen Eröffnungsfeier volles Risiko.
Die Abendgarderobe musste am Eingang gegen ein T-Shirt mit aufgemalten Palmen und dem Slogan »Wir wärmen Sie auf für die Saison 2002« getauscht werden.
Und Gaukler, Zauberer und Kellner, die auf Tischen tanzten, ersetzten die üblichen getragenen Reden. Alles neu also. Und das war erst der Anfang.
Nach dem Pannenjahr 2001 hatte Daimler-Vorstand Jürgen Hubbert gefordert, alles zu verbessern – außer der Wagenfarbe.
Silber ist geblieben, sonst war bei der Fahrzeugpräsentation auf dem Circuit de Catalunya wirklich alles neu. Das ganze »Tafelsilber«: Neues Auto, neuer Motor, neuer Windkanal, neue Reifen, neue Führungsstruktur, neuer Fahrer. Noch mehr kann man eigentlich nicht anders machen, damit aus dem Silberpfeil möglichst schnell wieder ein Siegerpfeil wird...
Die schwäbisch-britische Zweckgemeinschaft war auch das erste Top-Team, das bereits am 19. Januar 2002 das Tuch von der neuen Rennwagengeneration zog.
Was beweist: Der Ehrgeiz, an die Spitze zurückzukehren, läuft hochtourig. Beim neuen McLaren-Mercedes sind die schmale, spitze und tiefe Geiernase, die bullig geschwungenen Seitenkästen mit den Zusatzflügelchen und die umgestaltete Heckpartie mit dem vorgeschriebenen überdimensionalem Rücklicht augenfällig.
Das ist die Aero-tik, der Star-Designer Adrian Newey verfallen ist.
Die darunter verborgene Stuttgarter Komponente mit ihren zehn Zylinder ist nach eigener Einschätzung stärker und kompakter als bisher und lief bereits seit November auf den Prüfständen heiß.
Mercedes-Sportchef Norbert Haug, im Bemühen, der vom Team selbst verordneten offensiven Zurückhaltung zu genügen, hält es für entscheidend, »dass Motor mit Getriebe und Fahrzeug« eine Einheit bilden. Kombiniert mit den Eigenschaften von Reifen und Fahrern ergibt sich das so genannte »packaging«.

Alte Formel-1-Weisheit: Wer dieses Paket am besten schnürt, gewinnt. Und an dem Päckchen mit der Aufschrift MP 4/17 ist viel gezurrt worden in den beiden testfreien Wintermonaten. »Wir haben gemerkt, dass wir etwas ändern mussten«, räumt

**Die Macher. Von links: Motorenpapst Mario Illien, Mercedes-Mann Norbert Haug und Teamchef Ron Dennis**

**Letzter Feinschliff vor einer hoffentlich großen Saison. Ein Mechaniker prüft den Frontflügel**

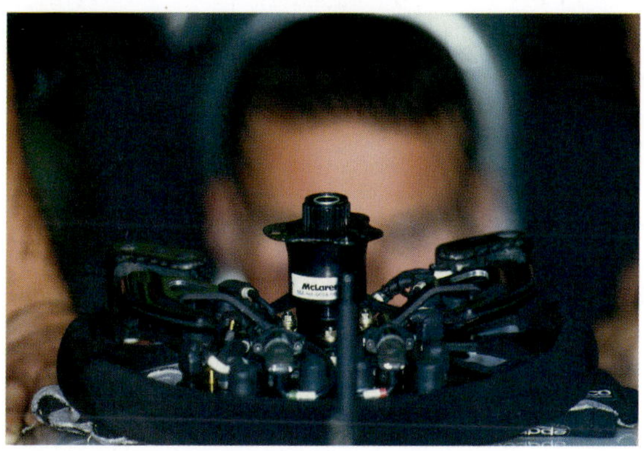

**Der Denker hinter dem Lenker. Coulthard konzentriert sich, sein Lenkrad hat er abgelegt**

Fahrgemeinschaft. Coulthard nimmt Häkkinen 2001 huckepack. Ein letztes Mal

Überflieger. Jung-Star Kimi Räikkönen, hier als Co-Pilot in einem Kunstflugjet

Frau am Steuer. Erja Häkkinen mit dem Lenkrad ihres Mannes, der Schluss gemacht hat mit der Formel 1

McLaren-Chef Ron Dennis ein. Und der fürs sorgfältige Abwägen seiner Worte bekannte Brite verwendet tatsächlich die Vokabel »radikal«.

Zum entscheidenden Schachzug könnte der Wechsel der Bereifung werden – in die eine oder andere Richtung. Statt sich wie bisher Bridgestone-Pneus mit Weltmeister Ferrari zu teilen, setzt man nun wie der süddeutsche Lokalrivale BMW-Williams auf Michelin-Reifen. »Wenn man schon dabei ist, etwas neu zu machen, dann kann man auch gleich alles neu machen«, meint Haug. Und verweist darauf, dass der letzte große Reifenwechsel in der Mercedes-Formel-1-Geschichte auf Anhieb zum Sieg geführt habe. Diesmal werden die Sternfahrer von vornherein noch nicht an erster Stelle der Verfolgerranglisten gehandelt, besonders nicht von dem zu jagenden Michael Schumacher, der die BMW-Mannschaft seines Bruders weit höher veranschlagt.

Mercedes-Sportchef Norbert Haug kontert das mit Süffisanz: »Der Weltmeister hat immer Recht. Wollen wir ihn in dem Glauben lassen – und sehen, wie es läuft. Von der äußerlichen Betrachtung her mögen wir die Nummer drei nach Ferrari und BMW-Williams sein. Aber wir werden deshalb nicht kleinere Brötchen backen. Es ist ganz klar, dass auch wir um Siege fahren und uns in eine aussichtsreiche Position für den Kampf um den Weltmeistertitel bringen wollen.« Kontrollierte Offensive nennen das die Fußballer.

Die klarste Ansage wagte noch Neuling Räikkönen: »Mindestens einen Sieg und möglichst viele Punkte.« Beim Testauftakt in Valencia hatte Teamchef Ron Dennis dem 22-Jährigen eingeschärft, dass er sich langsam eingewöhnen solle. Am Ende der Woche zeigte der Finne, was er unter der neuen Bescheidenheit versteht – er brach den Streckenrekord. Karrierestufen pflegt Räikkönen, intern wie extern, im Sprung zu nehmen. Und vor allem ohne jegliche Rücksichten. David Coulthard (30), der noch nicht weiß, ob er sich nach Mika Häkkinens Abgang über die schmeichelhafte Einstufung als »Senior-Pilot« freuen soll, wurde nach der ersten Besichtigung um eine Einschätzung seines neuen Dienstwagens gebeten. Der Schotte, der auch persönlich vor einer sehr entscheidenden Saison steht, ist vorsichtig geworden mit Prognosen: »Im vergangenen Jahr hat das neue Auto dem alten sehr geähnelt, und ich dachte, dann fährt es bestimmt genauso gut. Das hat es aber nicht getan. Nun sieht der Wagen völlig anders aus. Ich hoffe daher auch auf andere Resultate. Aber was kann man auf den ersten Blick schon sagen?«

Mit dem Druck (»Wir verstehen es als Auszeichnung, dass viel von uns erwartet wird«) möchten am liebsten alle bei McLaren-Mercedes so entspannt umgehen, wie die Neuverpflichtung Räikkönen es tut.

Die K-Frage im Team wird sich alsbald zuspitzen: Taugt der schottische Senior oder der finnische Junior besser zum Kandidaten für die Spitzenposition?

Das Duell wird um keinen Deut weniger heftig ausgetragen werden wie das zwischen Juan-Pablo Montoya und Ralf Schumacher bei BMW-Williams. »Kimi ist das Talent, das wir gesucht haben«, weiß Haug. »Er hat den nötigen Speed, aber er muss sich noch stabilisieren. Doch wer David unterschätzt, macht einen Riesenfehler. Wenn wir ihm das entsprechende Auto liefern, ist er vorn dabei.« Gemeinsam ist der Schicksalsgemeinschaft auf jeden Fall eines: Als erstes muss das Vertrauen zurückgewonnen werden. Das von den anderen, das in sich selbst. Die Reihenfolge ist dabei so beliebig wie ein anderer Wunsch: Zuverlässig schnell oder schnell zuverlässig werden. Hauptsache, die Rettungsinsel kann alsbald endgültig in der Versenkung verschwinden...

ELMAR BRÜMMER

Der Schotte David Coulthard ist erstmals die Nummer eins bei den Silbernen

URLAUBSSTIMMUNG

**Häkkinen hört auf. Offiziell macht Mika nur Pause – aber kehrt er wirklich zurück? Sein Team verabschiedete ihn in Suzuka mit Strandspielzeug für Sohnemann Hugo**

West
West
West
West
Mobil 1
BOSS
SIEMENS
WARSTEINER
BOSS
消火器

DAS UR-LUDER

**Die Engländerin Katie Price, Mutter aller Luder. Nach ihrer Affäre mit Ralf Schumacher wurde der Begriff »Boxenluder« erfunden. Hier posiert sie mit einem Jordan zwischen den Beinen**

GUTE LAUNE

**Ein Lachen in der sonst so ernsten Formel 1, ein bezauberndes dazu. Zwei blonde Damen haben ihren Spaß im Fahrerlager von Ungarn**

GLAMOUR-GIRL

Top-Model Naomi Campell, lange Zeit mit Benetton-Teamchef Flavio Briatore befreundet, schmückt die Startaufstellung. Selten war das Benetton-Teamdress anzüglicher

GRID ACCESS
CANADA

PARI
CAMPARI

ROTKÄPPCHEN

**Was haben alle diese Frauen gemeinsam? Richtig. Und welcher Mann sieht hier nicht Rot? Keiner. Die berühmten »Campari-Girls« beim Großen Preis von Italien in Monza**

Gelbe Haare machen lustig. Drei Girls in der Boxengasse von Brasilien

# Warum haben Piloten immer die schönsten Frauen?

## Liebe, Leder, Luder, Luxus – der Versuch einer Erklärung ...

Woran soll man noch glauben? An Gott? An Wunder? An Wunder, vielleicht: Hier kommt zum Beispiel Kimi Superstar, 22 Jahre alt; die Pubertät hat mit ein paar Pickeln noch ihre Spuren hinterlassen, er ist eher kleingewachsen und redet nicht recht viel. Es ist etwas mehr als ein Jahr her, da hat so eine Art gute Fee den Jungen aus den finnischen Wäldern hervorgeholt und in einen Formel-1-Fahrer verwandelt, und so allmählich hat er das Paket beisammen, das aus einem Bürschchen einen, ähm: Kerl? macht: Kimi Räikkönen fährt von dieser Saison an den Silberpfeil, eines der schnellsten Autos der Welt, und hat Miss Scandinavia als Freundin, eine der – mit Verlaub – schärfsten Frauen seiner Heimat. Gut gelaufen für ihn, das alles. Wann ist ein Mann ein Mann? Hm, gute Frage. Wenn er es schafft, mehr als 800 Pferde zu zähmen, die in seinem Motor bedrohlich brummen? Irgendwie müssen diese Rennfahrer ja rattenscharfe Typen sein, wenn coole Top-Models es schon ignorieren, dass ihr Liebhaber locker einen Kopf kleiner ist. Wer weiß, ob Kimi, hätte er die gute Fee nicht

**Schöne Frauen mit schnellen Männern. Hier die ist Fahrerwahl ...**

★
★
★

*»Die Frauen«,*
*sagt Mario Andretti,*
*»wollen Mut riechen.«*



**Das Wort »Kartenständer« gewinnt eine völlig neue Bedeutung**

getroffen, nicht heute noch bei den Eltern wohnen würde – und ein Poster von Miss Scandinavia bei ihm an der Wand hinge.
Es scheint eine unglaubliche erotische Anziehungskraft von diesen Kerlen auszugehen, auch wenn viele von ihnen eher Bübchen sind denn harter Mann.
»Die Frauen«, sagt der ehemalige Weltmeister Mario Andretti, »wollen dicht bei der Gefahr sein, sie wollen Mut riechen, und sie wollen Männer zu Helden machen.«
Letztlich machen sich manche dabei zu Wanderpokalen. Auch okay. Motoren, Macht, Moneten. Klingt irgendwie sexy, klingt viel versprechend. Und war bis vor ein paar Jahren der Treibstoff für das Rennen nach dem Rennen. Geblieben ist davon nicht viel. Alte Männer erzählen alte Geschichten, wie früher Formel-1-Fahrer den Mädels, die damals noch Mäuse oder Puppen hießen, Autogramme auf die Möpse gepinselt haben, und wie sie so erzählen, da werden sie ganz nostalgisch und natürlich auch wehmütig...
Die Wahrheit ist, dass Bernie Ecclestone die Ära der Boxenluder beendet hat, noch ehe es den Begriff Boxenluder gab.

Luder, was für ein schönes Wort. Eigentlich stammt es ja aus der Sprache der Jäger und bedeutete soviel wie Lockspeise. Es handelte sich um Aas, das man auslegte, um Raubtiere anzulocken. Das tote Fleisch ist zu Frischfleisch umdefiniert worden und wurde dort ausgelegt, wo es nach Geld riecht: in Luxushotels, an großzügigen Pools, in der Boxengasse.
Frischfleisch und heißes Blut könnte die Formel 1 gut brauchen, aber stattdessen stehen auf Bernies Geheiß fiese Securitytypen an den Eingängen zum Fahrerlager, aber selektiert wird viel eher – nämlich dort, wo die Plastikkärtchen mit den Magnetstreifen ausgegeben werden, die den Einlass regeln.
»Früher konnte man noch die Ord-

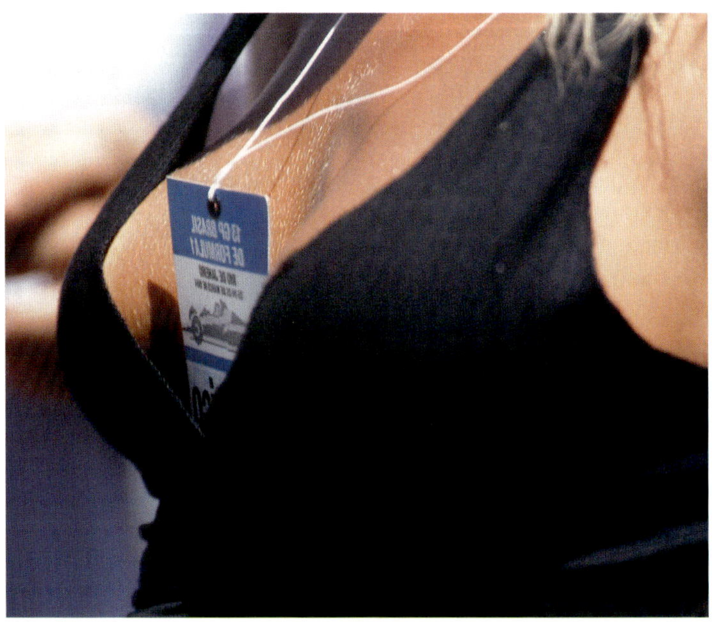

**Freie Sicht im Fahrerlager. Wer keinen Bauch hat, muss ihn auch nicht verstecken…**

**Total abgefahren.** Zwei nette junge Damen im Profil

## Bei Merdedes hing ein Schild: »Bitte nicht füttern!«

ner am Eingang bestechen«, sagt Hans-Joachim Stuck, »da hat die Dame nur ein bisschen mit dem Oberteil gewackelt – und schon war sie drin.«
Aber heute funktionieren die klassischen Groupie-Tricks nicht mehr: Mit den Lesegeräten für Chipkarten lässt sich nicht verhandeln. Die Formel 1 ist längst eine geschlossene Gesellschaft, und am besten lässt sich das in Monte Carlo beobachten, wo ein dünner Gitterzaun die beiden Welten trennt; etwa unten am Quai entlang, zwischen Wasser und Fahrerlager. So nah kommen die Fans ohnehin nur in Monaco an die Welt der Schnellen, der Reichen und der wenigen Schönen ran. Und trotzdem sind sie noch immer so weit davon entfernt.

Drinnen kommt man sich ein bisschen blöde vor: Die einen glotzen drein, als gäbe es dort Sensationelles zu entdecken, die anderen fühlen sich wie im Zoo, wenn sie angegafft werden.
Bei Mercedes hatten sie deshalb schon mal ein Schild an den Zaun gehängt: Bitte nicht füttern...
Aufregend findet man hier drinnen Frauen wie Veronika Ferres, die sogar in Monte Carlo als Berühmtheit gilt. Jedenfalls für die Klatschreporter von RTL. Der Kölner Sender hat das fränkische Busenwunder Ela Weber als Reporterin engagiert. Auch Teenieheld Oli P. darf für RTL Interviews führen, zum Beispiel mit einer gewissen Nadine Schmidt, von der es heißt, sie sei mal Miss Germany gewesen. Was für eine hübsche Situation: Zwei, die sich für prominent halten, schauen einander an, als wollten sie sagen: »Und wer bist du?«
Der Glamour der Formel 1 ist ein Mythos, der sich durch Medienklischees immer wieder neu reproduziert – und dadurch trotzdem nicht vitaler wird.
Inzwischen werden die so-

**Zeigt her eure Pässe, zeigt her euer Glück. Wer keinen hat, muss leider draußen bleiben. Dafür sorgen diese beiden Jungs. Zu Zeiten der Dame rechts, in den 70er-Jahren, war alles noch lockerer**

## Inzwischen hat er fünf Kinder von vier verschiedenen Frauen

genannten Boxenluder längst von den Teams und deren Sponsoren ins Fahrerlager importiert, um diese Fiktion aufrechtzuerhalten. Vor allem aber, damit alles schön anständig bleibt. Die Boxenluder von heute tragen Warsteiner-Hütchen auf dem Kopf oder Bridgestones Reifenprofil auf dem Hintern. Wandelnde Litfaßsäulen in hautengen Kostümchen. Schon klar: Bei der Formel 1 geht es nicht mehr um Sport und um Sexappeal, da geht es darum, wer mit Aufklebern auf den schnellen Autos am schnellsten seine Produkte verkauft. Und dazu hat alles, bitte schön, recht clean zu sein.

Typen wie der Engländer James Hunt wären undenkbar in der Formel 1 des 21. Jahrhunderts. Der berühmteste Playboy im Motorsport hat nach getaner Arbeit gern mal einen Joint geraucht und auch ansonsten alles vernascht, was nicht schnell genug auf der Tanne saß. Trotzdem ist er Weltmeister geworden. Final gebüßt hat er seinen Hardrock-Lifestyle gleichwohl mit einem Herzinfarkt im Alter von 45. Der Ire Eddie Irvine, einst der Teamkollege von Michael Schumacher bei Ferrari, gilt schon als der letzte Playboy der Formel 1, und es heißt, er wechsele seine Freundinnen schneller als die Mechaniker seine Reifen. Nun denn. Nelson Piquet, dreimaliger Weltmeister aus Brasilien, hat das Ideal des Latin Lovers vorgelebt: Er reiste gelegentlich mit Gattin und Geliebter bei den Rennen an, freilich ohne dass die Damen von einander wussten. Am Ende verlor er allerdings etwas die Orientierung. Inzwischen hat er fünf Kinder von vier verschiedenen Frauen.

Ginge es den PS-Groupies nur um die Körper, dann dürften die Jägerinnen bei Leichtathletikmeetings weitaus besser bedient werden. Aber es geht um den Rausch der Geschwindigkeit an der Rennstrecke und um den Rausch des Luxus; und zu einem Epizentrum dieser Sucht hat sich das Londoner Me-

**Modegag am Po, Sponsor auf der Brust. Hauptsache »frau« fällt auf…**

Rote Lippen,
rote Hosen,
roter Teppich.
Hier müssen die
Fahrer durch

Schönheit aus Malaysia. Man beachte die Puschel-Ohrringe

**Früher war Formel 1 gefährlich und Sex sicher. Heute ist es umgekehrt**

tropolitan Hotel entwickelt. Dort, wo sich in der Besenkammer bereits Boris Becker seiner Samen berauben ließ, hat das Model Ruth Taylor den schottischen McLaren-Fahrer David Coulthard aufgerissen. »Er brachte mich voll auf Touren«, ließ sie nachher die Zeitungen wissen, und diese wiederum fragten sich besorgt: Ist Coulthard sexsüchtig?Der einst so brave Mercedes-Mann David: Seit seinen Flugzeugabsturz hat sich sein Leben komplett gewandelt. Er trennte sich von seiner braven Modell-Freundin Heidi (die beiden sahen ja immer ein wenig aus wie Barbie und Ken), und inzwischen findet er im Vermischten ebenso häufig Erwähnung wie auf den Sportseiten. Dolle Karriere.

Psychologen glauben, dass sich ein bestimmter Typus von Frau nach Unterwerfung sehnt: Einer, der diesem röhrenden Biest von Auto seinen unbedingten Willen aufzwingt – wozu ist der wohl sonst noch fähig? Cool in der Karre, heiß in der Kiste? Daran hatte Katie Price, die Mutter aller Luder, wohl auch geglaubt, als sie zu Ralf Schumacher in die Schlafgemächer stürmte. Und sich trotz ihrer überzeugenden Argumente beim braven Ralf nichts regen wollte. Inzwischen hat's ja geklappt. Mit Cora. Ging dann alles recht schnell. Die Dame vorgestellt, geheiratet, Vater geworden – das ist jetzt der Lauf der Dinge in der Formel 1. Kaum noch wilde Jungs, lauter brave Ehemänner. Langweilt ein bisschen. Und draußen stehen die Pitbabes mit ihren sehnsüchtigen Blicken und ihren tiefen Dekolletees und müssen erkennen, dass im Fahrerlager nicht mehr viel zu holen ist. Hans-Joachim Stuck, der, bevor auch er in feste Hände geriet, selten was hat anbrennen lassen, schüttelt nur noch den Kopf. Was ist bloß aus seinem Sport geworden. Früher war alles besser, sagt er: *»Racing was dangerous and sex was safe.«* Die Rennerei war gefährlich und der Sex sicher. Inzwischen ist es genau umgekehrt.

MICHAEL BECKER

**Orange und Gelb– die Farben der Saison**

MILD SEVEN
Novell.
BELL
elf
MILD
VEN
MICHELIN

**Französische Revolution**

**Renault kehrt als Werksteam zurück. Mit einem revolutionären Motorenkonzept und großen Hoffnungen. Die letzten Benetton-Jahre waren ernüchternd. Am Steuer: der Brite Jenson Button**

LUBRAX
Spal

RAUCHZEICHEN

**Sein Jordan bockte allzu oft, sein Teamchef irgendwann auch: Eddie Jordan feuerte nach Silverstone völlig überraschend seinen besten Fahrer. Heinz-Harald Frentzen wechselte zu Prost. Beide werden sich ärgern**

TOYOTA
EMC²

NEUEINSTEIGER

Für Toyota, hier mit Allan McNish am Steuer, ist 2002 das erste Formel-1-Jahr. Es könnte ein bitteres werden. Trotz großer finanzieller Mittel sind die Japaner noch zu langsam

# Hart. Härter. Formel 1.

## Sieben Weltkonzerne kämpfen um den einen Sieg. Mit astronomischen Summen. Die Regeln sind brutal

»Die Formel 1«, hat Michael Schumacher einmal gesagt, »ist wie das Leben. Es spielt nur auf viel kleinerem Raum und in vielfach höherer Geschwindigkeit als der Alltag.«
Ja, manchmal ist die Formel 1 wirklich so wie das richtige Leben: Mal gewinnt der eine, mal der andere. Mal platzt dieser Motor, nächstes Mal jener. Klemmt hier eine Radmutter, ruiniert ein Tankverschluss zehn Meter weiter vielleicht schon den nächsten Renntag, die Meisterschaft, ein ganzes Jahr, womöglich eine komplette Karriere.
Soviel zu den Gemeinsamkeiten zu draußen, zum Alltag. Denn drinnen, im Zentrum der Formel 1 – und das hat Michael Schumacher vergessen zu sagen – herrschen am Ende doch eigene Gesetze...
Hereinspaziert in eine Welt, in der es immer nur einen, einen einzigen Gewinner gibt. Aber viele Verlierer.
Und in dieser Welt gelten Regeln wie diese: »Der Zweite ist der Erste der Letzten.« Oder: »Der Dumme hat kein Recht auf Glück.« Oder: »Hoffnung ist etwas, das ich mir verbiete«, wie McLaren-Mercedes-Teamchef Ron Dennis drastisch erklärt.
Er könnte genauso gut sagen: Glück und Pech – vergiss es. Nicht hier. Nicht in der Formel 1.
Und Dennis weiß, wovon er redet: Als Mika Häkkinen 2001 in Barcelona nur zwei Kilometer vor dem Ziel ausrollte, sah Michael Schumacher zwar aus wie ein glücklicher Sieger. Aber Häkkinen hätte nicht mehr Glück benötigt, um ins Ziel zu rollen, sondern einfach eine etwas robustere Kupplung. Die war nämlich kaputt. Und das hat nichts mit Pech zu tun. Das ist Versagen. Basta.
So denkt die Formel 1.

**Beim Formel-1-Einstieg 1999 träumte BAR noch: Vom ersten Rennen und davon, dass man es gewinnen könne. Nach drei erfolglosen Jahren lässt Villeneuve die Schultern hängen**

Sieben große Konzerne, Automobil-Weltmarken, verfolgen 2002 eigentlich nur das eine Ziel: den Sieg. Dafür werden Milliarden investiert, soviel wie in keinem anderen Sport der Welt.
Dumm nur, dass es trotz der gigantischen Investitionen aller neben einem Sieger immer sechs Verlierer geben wird...
Hart. Härter. Formel 1.
Ferrari (Fiat), Mercedes, BMW, Renault, Honda, Ford (Jaguar) und neuerdings auch Toyota starten 2002 mit ähnlichen Budgets, hochbezahlten Fahrern, scheinbar unendlichen Ressourcen, kilometerlangen Arbeitslisten und noch längeren Test-Dateien. Sie alle scheinen bestens gerüstet.
Jaguar-Teamchef Niki Lauda hat beinahe stellvertretend für alle großen Firmen vor Saisonstart die Parole ausgegeben: »Ab jetzt gibt es keine Entschuldigungen mehr.«
Und doch werden die 21 Verlierer nach den 17 Rennen genau diese brauchen und suchen...
»Mein Heck überholte mich. Da war nicht viel, was ich dagegen tun konnte.« Oder: »Mein Motor hörte sich schon am Start seltsam an, danach fehlte es mir an Leistung.« Oder: »Ich hatte in langsamen Kurven Untersteuern, das in schnellen in Übersteuern überging. Es war nicht mehr drin.«
Man kennt das.

VERLORENER JÄGER

Zwei dritte Plätze (Barcelona und Hockenheim) – mehr war für Villeneuve 2001 nicht drin. Trotz der Werksunterstützung von Honda. Der Kanadier drohte sogar mit Rücktritt

Vielleicht ist es ja gerade diese Summe des Versagens auf höchster Ebene, die dem Sieger im Formel-1-Sport umso mehr Ruhm verleiht und den Erfolg umso kostbarer macht. Und genau deshalb wird der Einsatz auf Seiten der Werke, um endlich vom Lager der Belächelten in das der Bejubelten durchzustarten, gleichzeitig immer höher. Ein Teufelskreis.

Die Schraube hat selbst Ferrari erfasst, wo man plötzlich mit revolutionären Neuerungen gegenüber den Verfolgern in bislang unangetastete Untiefen der Elektronik und der Metallurgie vordringt: Mikromanie, Hightech-Hype. Am Ende gar Verfolgungswahn mit all den Absperrungen, Abdeckungen und Abwehrmaßnahmen gegen fremde Boxen-Spione?

Um den Kampf des Hasen gegen den Igel und dessen inteligente Schnelligkeit ein Ende zu setzen, werden die unterschiedlichsten Konzepte entwickelt, aber sie alle haben Haken. Und der liegt paradoxerweise meist beim beteiligten Werkspartner.

McLaren-Mercedes bringt alles neu: Motor, Getriebe, Auto, Reifen, Windkanal, Firmensitz und einen Fahrer. Nur das Ziel ist unverändert: Siege und WM-Titel. Dabei lernt jedes Kind mitunter schmerzhaft, dass das Unbekannte Risiken birgt – allein schon das Gehen.

Aber auf der höchsten Ebene des Automobilsports geben die Marketingstrategen die Töne vor, denn ein führender Weltkonzern muss in deren Augen immer Fünf-Sterne-Leistungen abliefern. Prompt wurde der Motor Marke Stuttgart im letzten Jahr unter der Hand vom eigenen Partner kritisiert: Da fehle angeblich noch Leistung...

BMW-Williams ändert wenig, aber

das mit vollem Risiko: Wer den neuen BMW-Williams FW 24 erstmals unverhüllt zu Gesicht bekam, musste sich an ein Versuchsfahrzeug erinnert fühlen. Zum Zweck des einst fehlenden Abtriebs (damit der Bodenhaftung in Kurven) wurden revolutionäre Flügel vor das Heck geschraubt. Beim Motor wurde nochmals radikal abgespeckt, nach 22 Kilo vor einem Jahr nun erneut um 13 Kilo. Und trotzdem kommt aus den kleinen Boxen der fetteste Bass: 880 PS, solange die Maschine läuft. Viermal ging sie 2001 hops.

Renault hat Team Benetton gekauft und dort fortan das Sagen – sowie passend zu Renaults ausgefallenen Straßenmodellen den mit einem Zylinderwinkel von 110 Grad flachsten und gewagtesten Motor der Formel 1 mitgebracht. Es wirkt gewollt, wie die Franzosen fast schon aus Prinzip eigene Wege gehen.

Blicken wir zurück: Produzierte die Konkurrenz Saugmotoren, brachte Renault Turbos, öffneten die Gegner die Maschinen auf 72 Grad, wählte Renault 71, fuhr Honda mit 12, kreiste der Rombus mit zehn Zylindern. Immer innovativ, oft auch erfolgreich. Aber nach wie vor bleibt eine Filiale des Teams in England, die für das Auto zuständig ist: Benetton. Ein Nachteil.

Bei Ferrari entsteht bereits seit vier Jahren alles unter einem – eigenem – Dach, weil jeder zusätzliche Kommunikationsweg Zeit kostet. In der Produktion – und deshalb gleichsam auf der Strecke. Kein Motor der Welt kann diesen Nachteil ausgleichen.

Toyota, der reiche Neuling, kopiert Ferrari in Köln-Marsdorf. Das ist der typische japanische Weg. Nachmachen, besser machen, verdrängen, selbst dominieren. Schon jetzt hat der Weltkonzern mit dem Charisma einer Krake sein Image 1:1 auf die Formel 1 übertragen. Fabrik für 250 Millionen Mark, 500 Angestellte, bewusst durchschnittliche Fahrerwahl, damit man gleich weiß, woher die Langsamkeit kommt. Nicht von Toyota.

Außergewöhnlich an diesem Projekt ist auch das Ziel: Titelgewinn – bis 2010. So viel Zeit gibt sich ansonsten offiziell keiner. Nur an einem Gut mangelt es Toyota noch weniger als an Zeit: an Geld.

Geld, ja Geld. Davor haben in der Formel 1 alle Gegner Angst. Auch wenn Geld keine Rennen gewinnt.

Jaguar hat beispielsweise alles versucht, um der Konkurrenz Personal und Know-how abzukaufen. Allerdings mit dem geringsten Erfolg. Der neuste Stand der traurigen Bemühungen, aus einer Traditionsmarke eine erfolgreiche zu machen: Schon kurz nach dem Stapellauf des neuen Modells R3 war klar, dass es ein Flop ist. Wieder ein Flop.

Vielleicht schafft es dafür ja BAR-Honda in diesem Jahr, nachdem Star-Pilot Jacques Villeneuve schon mit Kündigung drohte ...

Starke Vortests, verstärkte Zusammenarbeit mit Honda, brandneuer Motor. Einst 1999 mit Sieganspruch gestartet und abgestürzt wurde auch noch die Führung ausgewechselt. Ein Profi, Dave Richards, führt das britisch-amerikanische Tabacco-Team an. Allerdings ein Profi aus dem Rallyesport, der die Formel 1 als Halbtagsjob betreibt. Das kann nicht angehen, sagen die Vollzeitkräfte der Konkurrenz.



Also wieder nichts?

Honda traut den eigenen Partnern nicht, fährt zweigleisig und beliefert Jordan ebenso mit Motoren wie BAR. Das stärkere Team wird langfristig unterstützt, das andere fallen gelassen.

Dass Honda dabei eines seiner eigenen Teams zwangsläufig als Verlierer abschreibt, ist selbst ein für Formel-1-Maßstäbe extremes Denken. Die Tradition verbietet den Japanern dabei aber Gesichtsverlust in Form von Motorschäden, weshalb bei den Vortests nicht die volle Leistung der Aggregate aktiviert wurde. Dabei kann diese Strategie zum Eigentor werden, wenn der Rennbetrieb die Härte des Alltags offenbart.

Und wieder ein Beispiel dafür, das zeigt: Ein Werkspartner ist der Segen für jedes Team – aber auch ein Fluch. Man ist verdammt, für das viele Geld zu siegen. Oder muss sich zumindest gute Ausreden überlegen...

Das ist die moderne Formel 1. Das ist nicht das Leben.

PETER HESSELER

**Skeptischer Blick unterm Helm. Toyota-Pilot Allan McNish fehlten bei ersten Testfahrten rund drei Sekunden auf die Spitze. In der Box wird diskutiert**

GOODYEAR
PETERSON
CHAMPION
elf

**SECHS RÄDER**

Von wegen, ein Formel-1-Wagen hat immer vier Räder. Dieser Tyrrell mit dem Schweden Peterson am Steuer bewies 1977 das Gegenteil. Im gleichen Jahr wurde das Sechs-Rad-Gefährt von der FIA verboten

# Formel Flop

## Die skurrilsten und schlechtesten Autos aller Zeiten. Sogar ein »Klobrillen-Designer« durfte ran

Wer in der Formel 1 erfolgreich sein will, muss die bessere technische Idee haben und versuchen, die Gesetze der Physik zu überlisten.
Das führte in der Vergangenheit immer wieder zu skurrilen technischen Lösungen. Bisweilen wollten die Hüter des technischen Reglements diese Geniestreiche nicht genehmigen, manchmal waren einfach auch die Fahrer auf der Rennstrecke mit der neuen Technik überfordert. Und einmal versuchte sich sogar ein »Klobrillen«-Designer an der Formel 1.
Hier einige Beispiele für scheinbar geniale Ideen der Renngeschichte, die dennoch gnadenlos floppten...

**Zusätzlich Arbeit beim Reifenwechsel. Der Tyrrell hatte 1976 und 1977 sechs statt vier Räder**

Grundsätzlich gilt: Formel-1-Autos sind sehr leicht und haben sehr starke Motoren. Deshalb war es schon immer ein Problem, die Leistung in Beschleunigung und Geschwindigkeit zu verwandeln – und nicht nutzlos in weißem Reifenqualm verpuffen zu lassen...
Also ersann der begnadete Lotus-Chef Colin Chapman für seinen Lotus 63 einen Allradantrieb. Das ist mit einem Mittelmotorauto gar nicht so einfach, weil der Fahrer als Hindernis zwischen Motor und Vorderachse hockt. Chapman drehte aus diesem Grund den Ford-Cosworth-V8 um 180 Grad und führte die Antriebswelle zum vorderen Differenzial links am Cockpit vorbei.
Auch McLaren (M9A) und Matra entwickelten Allrader – aber scheiterten genauso wie Lotus.
Denn: Die Vorteile des Allradantriebs wurden durch die Nachteile mehr als kompensiert. Als da sind: Höheres Gewicht durch mehr mechanische Bauteile, Leistungsverlust durch mehr Reibung in diesen Bauteilen und ein höheres Gewicht.
Zwar wog der McLaren nur fünf Kilogramm mehr als sein konventionelles Pendant, dennoch verlor er bei seinem einzigen Auftritt in Silverstone sechs Sekunden auf die Pole-Position.
Die Fahrer konnten sich nicht auf die neue Technik einstellen. Derek Bell klagte: Das Auto fährt sich, als hättest du die Handbremse angezogen.
Auch zu den heute immer noch gebräuchlichen Hubkolben-Motoren probierte man Alternativen: Flugzeugtriebwerke!
Das Reglement erlaubte vor 30 Jahren diese Alternative und Lotus probierte sie aus. Im Lotus 56B war eine Pratt&Whitney Turbine installiert, die rund 550 PS leistete. Das Auto schien eine Revolution zu sein. Beim Debüt in Zandvoort regnete es wie aus Kübeln und der turbinengetriebene Feuerspucker mit Allradantrieb überholte alle Konkurrenten mit leichter Eleganz, bis ihm ein Unfall den Garaus machte...

Doch auf trockenen Strecken war das Auto chancenlos. Die Piloten klagten über das lausige Ansprechverhalten der Turbine, die sich bis zu zwei Sekunden Zeit nahm, um den Tritt auf das Gaspedal in Leistung umzuwandeln. Ein Grundproblem von Turbinen, genauso wie ihr hoher Spritverbrauch.
Die Pratt&Whitney-Triebwerke verbrauchten rund 30 Prozent mehr Kerosin als herkömmliche Motoren an Sprit und machten so ihren theoretischen Gewichtsvorteil zunichte.
Ein ganz bemerkenswertes For-

Der Eifelland von 1972 mit Oberflächen-Kühlung. Eine totale Fehlkonstruktion

Brabhams Ventilatorauto mit Niki Lauda am Steuer. 1978 verboten! Wegen Steinschlaggefahr…

mel-1-Auto präsentierte 1972 die Wohnwagenfirma Eifelland.
Man hatte den Stardesigner Luigi Colani engagiert, um ein grundlegend neues Rennwagenkonzept zu entwerfen. Colani hatte sich zuvor mit revolutionär gestalteten Kloschüsseln einen Namen gemacht und stellte ein bildhübsches Forme-1-Auto auf die Räder. Leider vergaß er, dass so ein Auto einen Motor hat, der Luft zur Kühlung braucht ... Der Wagen schaffte bei Tests deswegen nie mehr als drei Runden. In den Rennen setzte Eifelland ein gekauftes March-Chassis ein, mit einigen Colani-Applikationen. Nach einem Jahr war das Projekt sanft entschlummert.
1976 debütierte das wohl skurrilste Auto der Formel-1-Geschichte, der Tyrell P34 mit sechs Rädern.



Er hatte zwei Vorderachsen mit vier kleinen Zehn-Zoll-Rädern. Die Idee von Konstrukteur Derek Gardner beinhaltete eine Vielzahl von Vorteilen: Die vier Reifen hatten eine größere Auflagefläche als zwei konventionelle. Daher konnten sie mehr Seitenkräfte in Kurven aufbauen und mehr Bremskraft übertragen. Zudem standen sie dank ihres kleinen Durchmessers, dem Wind weniger hinderlich im Weg und ermöglichtem dem Tyrell so eine vorbildliche Aerodynamik. Das Auto hatte zudem kein Problem mit Aquaplaning. Das erste Reifenpaar verdrängte das Wasser auf der Fahrbahn, das zweite hatte Grip. Jody Scheckter wurde Dritter in der WM. Doch schon ein Jahr später gehörte der Sechsradler zum alten Eisen. Denn die Nachteile überwogen auch hier. Dazu gehörte das höhere Gewicht der beiden Vorderachsen und der mangelnde Entwicklungseifer von Goodyear, die nicht nur für ein Team den Entwicklungsaufwand für Reifen in Sondergrößen betreiben wollten ...
Dennoch beschäftigten sich alle Formel-1-»Superhirne« mit der Tyrell-Idee. Am erfolgversprechendsten wohl Williams mit dem FW 07D, der zwei angetriebene Hinterachsen hatte. Dieser Sechsradler war beim ersten Test so schnell wie sein Pendant mit zwei angetriebenen Hinterrädern.
Doch ein Federstrich der Reglementhüter machte den Formel-1-Vielfüßlern einen Strich durch die Rechnung. Bis heute sind maximal vier Räder erlaubt.
1978 war der Brabham BT 46 das spektakulärste Formel-1-Auto. Ein gigantischer vom Motor angetriebener Ventilator im Heck saugte die Luft unter dem Auto ab und presste es so auf die Fahrbahn. Niki Lauda gewann den Grand Prix von Schweden und erfuhr hinterher, dass sein Auto für illegal erklärt wurde.
Seinen Pokal durfte er zwar behalten, aber Brabham musste den riesigen Ventilator für das nächste Rennen wieder abmontieren.
Grund: Das Gebläse saugte nicht nur Luft unter dem Auto ab, sondern auch Steinchen und Dreck. Wer dem Brabham folgen konnte, fand sich so unvermittelt in einem Sandstrahlgebläse wieder.
Was VW heute gerne als Geniestreich kompakten Motorenbaus feiert, ist in der Formel 1 gnadenlos gescheitert: Der W-Motor.
Life hatte einen Zwölf-Zylinder-Motor mit drei Zylinderbänken à vier Zylindern. Eine kurze und kompakte Bauweise, vom Ergebnis her aber schwerer als ein konventioneller V-Motor und mit Problemen bei der Führung von Ansaug- und Abgaskanälen behaftet.
So meldete Fahrer Bruno Giacomelli eine Leistung von 400 PS – ungefähr 200 PS unter dem damaligen Soll – und blieb meist 30 Sekunden über der Qualifikationshürde. Über den McLaren MP 4/10, noch so ein Flop-Auto, sagte Mika Häkkinen: »Das ist so, als wenn man einen Marathonlauf mit Schuhen in Angriff nimmt, die einem drei Nummern zu klein sind.« Chefkonstrukteur Neil Oatley hatte wohl vergessen, dass es sich bei der Formel 1 um eine Fahrerweltmeisterschaft handelt. Jedenfalls war das Cockpit des Autos schlicht zu klein für die Piloten.
Im Falle des Finnen konnten Nachbesserungen noch für einigermaßen erträgliche Bedingungen sorgen. Doch Kollege Nigel Mansell litt in der McLaren-Sardinenbüchse unter Klaustrophobie, weil er sich kaum rühren konnte, und warf nach kurzer Zeit entnervt das Handtuch.

Auch Schumi hat es schon getroffen... Michael Schumacher sammelt alle seine Rennautos. Doch eines wollte er in seiner Kollektion nicht haben, weil es ihn zu oft geärgert hat. Seinen ersten Ferrari von 1996. Es war das erste Formel-1-Auto der Italiener mit V10-Zylinder, und es war eine mittelprächtige Katastrophe.
Konstrukteur John Barnard hatte die Lücken im neuen Reglement nicht erkannt und ein Auto entworfen, das im Vergleich zum Williams ungefähr so begabt durch den Wind schlüpfte wie eine Baubaracke. Hinzu kam eine bemerkenswerte Unzuverlässigkeit.
Peinlichkeiten wie ein Motorenplatzer in der Aufwärmrunde in Frankreich oder eine abgeworfene Antriebswelle in der Boxengasse von Montreal waren nur die Spitze des Eisbergs.
Nie konnten sich der Fahrstil von Schumi und das Fahrverhalten des Ferrari aneinander gewöhnen. Dass Schumi mit dem schlechtesten Auto seiner Formel-1-Karriere trotzdem drei Rennen gewann, grenzt fast schon an ein Wunder...

HEINER BUCHINGER

Der McLaren MP4/10 von 1995. So eng konstruiert, dass Fahrer Nigel Mansell nicht reinpasste

Schumis schlimmster Ferrari. Das Pannen-Auto von 1996. Ein Wunder, dass er damit drei Rennen gewann

CREDIT
SUISSE
Red Bull
Red Bull
SYNTIUM
cspb.com
MALAYSIA
PETRONAS

PAARLAUF

**Zwei Sauber Seite an Seite: Kimi Räikkönen, jetzt bei McLaren-Mercedes unter Vertrag, im Vordergrund. Dahinter Nick Heidfeld. Gemeinsam schafften sie die Sensation 2001: WM-Platz vier für Sauber**

# Gentleman unter Geiern

**Der Schweizer Peter Sauber gilt in der Formel 1 als ehrlicher Mensch. Das ist selten, das ist ein Kompliment. Sein Rennstall hat Erfolg**

**Peter Sauber (58). Sein erstes Rennauto war ein frisierter VW-Käfer**

Eigentlich funktioniert die Formel 1 wie der Gebrauchtwagenhandel: Es gibt nicht ein klares Schwarz oder Weiß, sondern eine riesige Grauzone zwischen Legalität und Beschiss, und am Ende gewinnt der, der sich dort am elastischsten zu bewegen versteht. Nur Peter Sauber (58) ist ein strikter Verfechter der weißen Weste. Er ist auch ein Fan von weißen, gebügelten Hemden, dezenten Krawatten und gepflegten Fingernägeln. So sitzt er in seiner Fabrik im Städtchen Hinwil unweit von Zürich. Es ist ein silberblauer, vierstöckiger Kasten direkt am Ortseingang, neben dem Schlachthof, und dahinter kommen dann nur noch Kühe, Äcker und eine Modellflugzeug-Landebahn.

Die hat Peter Sauber von seinem Schreibtisch aus immer im Blick. »Die Menschen behaupten, ich sei zu anständig für die Formel 1«, sagt er. »Dabei ist das Gegenteil richtig. Korrektheit ist der einzige Wettbewerbsvorteil, den ich habe.« Und den nutzt er. Endlich, würden viele sagen.

Seinen Jungstar Kimi Räikkönen hat er Ende letzter Saison (»Ich bin kein Talent-Händler«) doch noch an McLaren-Mercedes verkauft. Nachdem der Junge das unbedingt wollte und McLaren kolportierte 20 Millionen Euro überwies. Ein hübsches Sümmchen für ein Team wie Sauber, das lange Zeit neben Arrows und Minardi das kleinste Budget, aber immer Großes vorhatte.

2002 könnte es klappen, die Voraussetzungen sind verführerisch: Starke Ferrari-Motoren des letzten Jahres, starke Sponsoren. Mit Nick Heidfeld einen starken Fahrer in einem bei ersten Testfahrten superschnellen neuen Auto. Aber trotzdem kommen keine starken

Sprüche, nicht von Peter Sauber – auch nicht, obwohl er 2001 mit Platz vier in der Konstrukteurs-Weltmeisterschaft die absolute Sensation schaffte. »Die Formel 1 ist ein ewiges Auf und Ab«, sagt er nur. »Wir wollen oben bleiben, aber träumen nicht.«

Oder vielleicht doch? Wenigstens ein bisschen? Vom ersten Sieg nach 147 Rennen? Sauber lächelt. Alles begann damit, dass er als Jugendlicher einsteigen wollte in den väterlichen Betrieb. Der baute Ampeln und Schaltkreise für Kraftwerke, und der Senior sagte zu seinem Sohn: »Für einen Job bei mir sind schon noch ein paar Qualifikationen nötig.« Zum Beispiel das Studium der Elektrotechnik. Sauber scheiterte daran innerhalb weniger Wochen und hatte danach keinen Plan, was er mit seinem Leben anfangen sollte. Motorsport jedenfalls lag weiter weg als der Mars für die NASA.

Ihn interessierten Autos wenig und Sport sowieso nicht, und auch seinen 1200-Kubik-Käfer benutzte er damals nur, um trockenen Fußes von A nach B zu gelangen. Sein Freund allerdings war ein VW-Tuner und tauschte das Rentner-Gefährt gegen ein Sportmodell mit frisiertem Motor. Sauber ersetzte später noch die Blechkotflügel durch Kunststoff und verbreiterte auch die Spur, und danach entzog ihm der Staat die Zulassung für die Straße.

Um die Kiste nicht ganz zu verschrotten, fuhr er wenigstens ein paar Rennen, obwohl schon damals kein Benzin in seinen Adern floss. Dafür entdeckte er, dass er damit ein bisschen Geld verdienen konnte. Also kaufte er zwei alte Brabhams, warf die Chassis weg, schweißte im Keller des Elternhauses eine Sportwagen-Karosserie auf das Fahrwerk und meißelte dann die Hauswand auf, weil die Wagen nicht mehr durch die Kellertür passten.

Diese Kreation war der Konkurrenz dann so überlegen, dass sogar einer wie er damit jede Menge Rennen gewinnen konnte.

Danach standen die Leute Schlange für einen echten Sauber. Reich wurde er vorerst trotzdem nicht. Besser war schon, die Autos zu vermieten an rennsportbegeisterte Millionäre – inklusive Wartung, Tuning und Betreuung während der Rennen.

Das war, wenn man so will, die Geburt des eigenen Rennstalls. Sauber sah es eher als »Marktlücke« oder »Dienstleistungsbetrieb.«

Seine Wagen fuhren die Tourenwagen-Meisterschaft, Le Mans (24 Stunden) und die Sportwagen-WM. Auf seinen Sportwagen (zweimal Weltmeister 1989/90) fuhren auch Michael Schumacher und Heinz-Harald Frentzen.

Als diese Serie dann sportlich und finanziell am Boden lag, hatte er eigentlich nur noch zwei Möglichkeiten: Entweder die komplette Belegschaft wurde arbeitslos. Oder er ging in der Formel 1. »Ich habe es nicht geschafft, meine Leute auf die Straße zu setzen«, sagt er.

Und kein bisschen Interesse am ganz großen Trubel? »Damals nicht«, meint er »Heute sehe ich das vielleicht etwas anders.« Heute ist die Formel 1 für ihn »eine Mischung aus Spitzensport, Spitzentechnik und Zirkus auf höchstem Niveau«. Seine beiden Kinder hat er trotzdem noch nie mitgenommen zu einem Rennen. Auch seine Frau winkt fast jedes Mal dankend ab bei diesem Thema.

Dabei hat für ihn die Formel 1 etwas mit Schönheit zu tun. »Jedes schnelle Tier in der Natur ist ein schönes Tier«, sagt er, »das ist in der Technik nicht anders.« Deshalb findet er »die Autos auch viel spannender als den ganzen Sport«. Und deshalb blutete ihm das Herz, als Jean Alesi 1999 nur das Wort »Scheißkarre« für seinen Formel-1-Wagen übrig hatte. Und deshalb würde er auch lieber ein Technikgenie wie Adrian Newey von McLaren verpflichten als ein Fahrergenie. »Wenn ich denn mal einen Wunsch frei haben dürfte...«

In der Realität gab es lange Jahre allerdings wenig Gründe, warum sich ein Spitzenmann zu ihm nach Hinwil verirren sollte. Außer vielleicht wegen der Drei-Sterne-Kantine. Es gibt Salat, der zehn Minuten zuvor noch in der Erde war. Ein Steak, das auf der Zunge zergeht. Und Orangeneis mit Erdbeermus. »Das bin ich meinen Mitarbeitern schuldig«, sagt er.

Aber was passiert, wenn diese Mitarbeiter am Ende doch nicht gut und zahlreich genug sind, um gegen die geldstrotzenden Werksteams das Überleben der Firma zu sichern? Dann geht Peter Sauber wandern. »Das ist eh die schönere Art der Fortbewegung«, sagt er, der vielleicht letzte Gentleman der Formel 1.

CHRISTOPH SCHEURING

**Teamchef Sauber und sein Konstrukteur Willi Rampf. Der Bayer Rampf gilt als einer der Besten der Branche**

STARTKLAR

Zwei Rennautos und ein Ersatzwagen warten in der Sauber-Box auf ihren Einsatz. Frisch poliert und gut vorbereitet. Die Reifen werden erst kurz vor der Ausfahrt montiert

GP CANADA 2001
CREDIT SUISSE
PETRONAS
MALAYSIA
Red Bull
cspb.com
21 i net
MALAYSIA
SYNTIUM
cspb.com
21 i net
AYSIA
NAS
CREDIT SUISSE
edbull-sauber.com
CREDIT SUISSE
21 i net

LEGENDE

**Ein Held seiner Zeit: Bernd Rosemeyer, der 1938 bei einem Geschwindigkeits-Weltrekordversuch ums Leben kam. Hier sitzt er in einem Auto Union, mit dem er 1936 und '37 das Eifelrennen auf dem Nürburgring gewann**

# 75 Jahre Nürburgring

**Die Heimat des deutschen Motorsports feiert Geburtstag. In der »Grünen Hölle« wurden Legenden geboren und Helden gefeiert. Mythos Ring. Triumphe und Tragödien. Ein Rückblick in die Renngeschichte**

Der Nürburgring. Wohl kaum eine andere Rennstrecke übt weltweit eine solche Faszination aus wie die legendäre Eifelpiste. »Grüne Hölle«, hat der Schotte Jackie Stewart die Nordschleife einst getauft – wegen ihrer atemberaubenden Streckenführung durch mehr als 70 Kurven und einem Höhenunterschied von 300 Metern pro Runde.

»Grüne Hölle«, so wird der Ring noch heute genannt. Im 75. Jahr seines Bestehens. Das Mekka des Motorsports feiert Geburtstag. Deutschland gratuliert: 90 (!) Prozent der Bevölkerung kennen den Namen der Piste. Und es gibt kaum einen Piloten, der sie nicht verehrt, aber auch gefürchtet hätte...

Wie Niki Lauda.

Es war am 1. August 1976, als sein zerstörter Ferrari lichterloh auf der Nordschleife brannte. Helfer wagten sich nur zögerlich mit Feuerlöschern an den 800 Grad heißen Flammenherd heran – der Österreicher saß noch immer im Cockpit.

»Das war mein ganz persönliches Barbecue«, sagt Lauda heute. Schwarzer Humor, denn damals ging es für ihn um Leben und Tod. Das Hinterrad hatte sich gelöst, sein Ferrari krachte in die Leitplanken und flog wieder zurück auf die Piste. Zwei weitere Wagen prallten in das Wrack. 40 quälend lange Sekunden saß Lauda im brennenden Auto. Gefangen, hilflos. Bis ihn der italienische Pilot Merzario aus den Flammen zog. Diagnose: Joch- und Schlüsselbeinbruch, giftige Gase in der Lunge. Die Haut an Händen, Ellbogen, Stirn, Augenlidern, Wangen und Ohren verbrannt. Und den Pfarrer, der später schon zur Letzten Ölung ins Krankenhaus kam, hat seine Frau einfach weggeschickt. Lauda heute, mit dem ihm typischen Schmäh: »Der Tod griff nach mir, erwischte aber nur mein rechtes Ohr.«

Start zum Großen Preis von Deutschland für Sportwagen am 15. 7. 1928

**Der neue Herr des Ringes. Michael Schumacher gewinnt vor Montoya und Coulthard den Großen Preis von Europa 2001**

**Die Nürburg, Wahrzeichen und Namensgeberin der Rennstrecke**

So sind sie, die Formel-1-Fahrer. Laudas Unfall bedeutete das Ende der Formel 1 auf der Nordschleife. Aber er war irgendwo auch der Beginn einer neuer Motorsport-Ära auf dem Nürburgring...
Allein im Verlauf des zurückliegenden Jahrzehnts, unter der Geschäftsführung von Dr. Walter Kafitz, wurde die Gesamtanlage ergänzt um: zwei Fahrsicherheitszentren, eine Info-Zentrale für Touristen, die längst zu einem der Wahrzeichen gewordene Mercedes-Tribüne, einen Gewerbepark, ein neues Medical Center, die Er-

lebniswelt, neue Boxengebäude, VIP-Lounges und ein modernes Start-und-Ziel-Haus mit 34 350 m³ umbautem Raum.

Damit nicht genug: Der Grand-Prix-Kurs wird im Augenblick durch einen neuen, 710 Meter langen Streckenabschnitt, die »Mercedes-Arena«, ergänzt. Das circa fünf Millionen Euro teure Teilstück entsteht im Bereich der Bilstein-Schikane.

Das Herzstück des weltberühmten Motorsport-Zentrums – von der Formel 1 verlassen, von Privatfahrern und Piloten anderer Rennserien immer noch verehrt – bleibt allerdings die einzigartige Nordschleife. Sie ist die längste permanente Rennstrecke der Welt.

Noch vor wenigen Jahren planten japanische Investoren sogar, die grandiose Anlage in ihrer Heimat originalgetreu nachzubauen.

Das Projekt scheiterte letztlich an den immensen Kosten. Doch was die Japaner sowieso nicht hätten kaufen können, was unbezahlbar ist und den Ring so einmalig macht – das ist seine 75-jährige Motorsportgeschichte. Das sind diese Erinnerungen.

In der Eifel spielten sich furchtbare Tragödien ab. 1954 wollte Juan Manuel Fangio auf den Start verzichten, nachdem sein Freund und Schüler Onofre Marimon am Vortag von seinem Maserati erschlagen wurde. Der Maestro ging mit Tränen in den Augen ins Rennen und siegte.

In der Eifel wurden aber auch, wie nirgendwo anders, die größten Siege gefeiert.

Seit 75 Jahren strömen die Zuschauer in die Region rund um den Ring. Zeltstädte, größer als Wallensteins Lager, entstanden in

Caracciola bei der Einfahrt ins Karussell. Mit seinem Alfa Romeo P3 gewinnt er 1932. Der Wagen hat 215 PS und geht 225 km/h Spitze

*»Der Tod griff nach mir, erwischte aber nur mein rechtes Ohr«*

den Bereichen Schwalbenschwanz, Karussell, Wehrseifen und anderen Streckenabschnitten. Noch heute wird diese Tradition beim 24-Stunden-Rennen für Tourenwagen aufrechterhalten. Und obwohl die Rennstrecke in der Neuzeit aus Anlass des Formel-1-Rennens per Helikopter-Shuttle mit den Ballungsgebieten des Rheinlandes verbunden ist, zählt zünftiges Camper-Leben auch während der Grand-Prix-Wochenenden zum einmaligen Flair der Piste.

75 Jahre Motorsportgeschichte mit allen Höhen und Tiefen wurden in der Eifel geschrieben. 75 unvergessene Jahre, die den nationalen und internationalen Rennsport prägten.

Zu den Sternstunden des Nürburgrings zählt das Eifelrennen des Jahres 1935. An jenem 16. Juni, einem empfindlich kalten Sonntag, erobert ein Nachwuchspilot die Herzen der Fans. Bernd Rosemeyer heißt der Mann, der im Vorjahr noch Motorradrennen für DKW fuhr. Und dieser Rosemeyer führt das Feld nun vor den etablierten Stars der Grand-Prix-Szene an. Das Naturtalent gibt dem von Ferdinand Porsche konstruierten Auto Union gewaltig die Sporen. Der große Rudolf Caracciola scheint besiegt. Bis in die letzte Runde sieht es tatsächlich nach einem Sieg des Außenseiters aus, dann schlägt »Caratsch« zu – in der letzten Kurve vor dem Ziel.

Merz gewinnt 1927 den Großen Preis von Deutschland

Abends, bei der Siegergala, geht der Gewinner zum Tisch des Neulings. »Sie müssen«, sagt er gönnerhaft, »in Zukunft nicht nur auf der Strecke herumquirlen, sondern mit Köpfchen fahren.«
Dann drückt er ihm zur Erinnerung einen kleinen, silbernen Sektquirl in die Hand, den Rosemeyer von diesem Tag an im Knopfloch trägt. Unvergessen ist auch der Grand Prix im gleichen Jahr. Natürlich sind die Piloten von Mercedes und Auto Union die großen Favoriten. Neun moderne Rennwagen bringen die beiden deutschen Teams

## Die Anfänge

Wir schreiben das Jahr 1907. Seine Majestät Kaiser Wilhelm II. träumt vom Bau einer permanenten Rennstrecke. Er schaut sich in der Lüneburger Heide um, im Taunus – bis seine Wahl schließlich auf die Eifel fällt. Jawohl, der Kurs sollte in der Region um die Gemeinde Adenau angelegt werden. Am 28. Juni 1907 schrieb die Fachzeitung »Automobil-Welt«: »Dass die Eifel mit ihren Hügeln und Gefällen für das geplante Unternehmen sehr zweckdienlich ist, dürfte von Fachleuten nicht bezweifelt werden. Das Nehmen von Steigungen, Gefällen und scharfen Kurven kommt doch für den Automobilsport und namentlich bei der Ausbildung von Fahrern hauptsächlich in Betracht.« Wie wahr. Es wurden in dieser Phase allerdings auch Stimmen gegen das Vorhaben laut. Die Ahnen der Herren Joschka Fischer und Jürgen Trittin befürchteten, dass die »Fußwanderer verscheucht« würden. Parallel wurden die hohen Kosten als Gegenargument ins Feld geführt.
Bevor konkretere Pläne geschmiedet wurden, lenkte der Erste Weltkrieg von allen zivilen Investitionen ab. Realisiert wurde das Projekt entsprechend dann in den 20er-Jahren. Zu den Motiven zählte jetzt auch die Bekämpfung der Arbeitslosigkeit und die Belebung der strukturschwachen Eifel. Der offizielle Startschuss für den Bau fiel am 27. April 1925. Zunächst machten sich 60 Mann ans Werk, die aus dem Heer der Arbeitslosen rekrutiert wurden. Bereits am 10. Juli gab es eine öffentliche Einspruchsversammlung von Gegnern der Piste, die den Naturschutzgedanken vertraten. Der Einspruch scheiterte. Noch hieß das Bauprojekt lediglich

Die Schmalspur-Lorenbahn war eines der wenigen technischen Hilfsmittel beim Bau

## *Der »Fliegende Teufel von Mantua« gibt nicht auf und siegt*

an den Start – fünf Silberpfeile aus Stuttgart und vier Silberfische aus Zwickau. Gegenüber stehen fünf Maserati, vier Alfa Romeo sowie je ein Bugatti und ein ERA.
Die 220 000 Fans (!) rechnen fest mit dem Sieg eines deutschen Rennwagens, als das Feld um elf Uhr morgens gestartet wird. Dabei setzt die Rennleitung erstmals auf eine Startampel, die nacheinander Rot, Gelb und Grün anzeigt.
Nach elf der insgesamt 22 Runden stoppt das Spitzenquartett in der Reihenfolge Tazio Nuvolari (Alfa Romeo), Rudolf Caracciola (Mercedes), Bernd Rosemeyer (Auto Union) und Manfred von Brauchitsch (Mercedes) an den Boxen. Eine Sensation liegt in der Luft, denn niemand hat damit gerechnet, dass Nuvolari am Steuer seines veralteten Alfa P3, die Basiskonstruktion stammt aus dem Jahr 1932, so gut mithalten könnte. Aber auf dem zunächst nassen Asphalt kann der Italiener seine einsame Klasse ausspielen. Der P3 leistet lediglich 265 PS. Demgegenüber stehen 375 PS der Auto Union und sogar 430 Pferdestärken bei Mercedes. Nach 47 Sekunden ist von Brauchitschs Auto frisch bereift und betankt. Caracciolas Silberpfeil wird in 1,07 Minuten abgefertigt, Rosemeyers Monteure benötigen weitere acht Sekunden mehr. Und Nuvolari? Der Hebel der Spritpumpe bricht. Die Mechaniker der Scuderia Ferrari, die drei der vier Alfa einsetzt, wirbeln. Kanister und ein Trichter werden herangeschleppt. Nuvolari steht neben seinem Boliden mit Startnummer 12 – mit rudernden Bewegungen des rechten Arms feuert er seine Crew an. Dann endlich, nach scheinbar endlosen 2,14 Minuten, gibt auch der Italiener wieder Gas.

**James Hunt 1976 im McLaren. Auf der Nordschleife verliert er kurze Zeit den Bodenkontakt**

Sechster ist der »Fliegende Teufel von Mantua« jetzt. Aber Nuvolari gibt nicht auf. Unaufhaltsam kämpft er sich erneut nach vorn. Nach 15 Runden liegt er bereits wieder auf Platz zwei hinter von Brauchitsch. Dessen Vorsprung beträgt 1,27 Minuten. Das kann Nuvolari nicht mehr aufholen. Oder?
Doch der Italiener macht weiter Druck und verringert seinen Rückstand im Verlauf von fünf Runden auf 32 Sekunden. Kann er das Unmögliche doch noch möglich machen?

Scheinbar nicht, denn von Brauchitsch bäumt sich auf und erobert im Verlauf der vorletzten Runde drei Sekunden zurück. Dann überschlagen sich die Ereignisse: Der Spitzenreiter hat Reifen und Bremsen überfordert. Nuvolari fliegt heran. Im Karussell fehlen ihm nur noch 200 Meter auf den Mercedes. Sieben Kilometer trennen den Deutschen noch vom Ziel, da platzt der linke Hinterreifen.
Jetzt hat Nuvolari leichtes Spiel. Der kleine Mann mit dem gelben Pullover, den eine Anstecknadel in Form einer Schildkröte ziert, ge-

**Niki Lauda im Ferrari. 1975, er wird Weltmeister. Ein Jahr später verunglückt Lauda auf der Nordschleife**

winnt den Großen Preis von Deutschland. Hinter ihm werden Hans Stuck (Auto Union), Caracciola (Mercedes) und Rosemeyer (Auto Union) abgewinkt. Dann erst, mit fast sechs (!) Minuten Rückstand rollt von Brauchitsch über die Linie.

Auch der rechte Hinterreifen ist geplatzt, und sein Mercedes hoppelt nur noch auf zwei Rädern. Enttäuscht bricht der Pechvogel in Tränen aus.

Und Caracciola, der große »Ringmeister«? Weshalb wird er nur Dritter?

»Rennstraße« – und den Verantwortlichen um den legendären Landrat Dr. Creutz war klar, dass ein griffiger Name gefunden werden musste. Eine Art Preisausschreiben wurde veranstaltet. Die zündende Idee »Nürburgring« kam schließlich von einem gewissen Dr. Kruse, der als Regierungspräsident a. D. in Bad Godesberg lebte. Im April 1926 erschien zum Preis von 50 Pfennig die erste Ausgabe der Zeitschrift »Der Nürburgring« mit dem ellenlangen Untertitel »Illustrierte Monatszeitschrift für Motor-Sport auf der Deutschen Gebirgs- Renn- und Prüfstrecke im Kreise Adenau«. Im Sommer 1926 schufteten bis zu 2500 Arbeiter auf der Großbaustelle. Die Realisierung der Piste – geplant waren 22,5 km Nordschleife plus 8 km Südschleife – verschlang sechs Millionen Reichsmark. Zum Vergleich: Eine Über-

**Harte Maloche 1927. Arbeiter mit Spitzhacke und Dampfwalze**

nachtung in Adenau kostete damals pro Tag vier Reichsmark – inklusive Vollpension versteht sich. Das Eröffnungsrennen auf dem neuen Eifelkurs wurde am 18./19. Juni 1927 ausgetragen. Es war eine rein nationale Veranstaltung, die trotzdem den Namen »Preis der Nationen« trug. Jetzt erst wurde der amtliche Vermessungsingenieur eines Besseren belehrt: Die Länge der Nordschleife betrug exakt 22,8 Kilometer. Was man damals noch nicht wissen konnte: Jeder Meter davon sollte Legende werden …

Boxenstopp mit Hammer und Benzinpumpe. 1935, Reifenwechsel und Tanken bei Mercedes Benz

## *Nebel! Er muss nur mehr auf gut Glück fahren. Ins Ungewisse*

Starke Bauchschmerzen verursachen die Formkrise. Montags diagnostiziert ein Arzt die Ursache: Der Mecedes-Star drehte seine Runden nicht allein – mit von der Partie war ein riesiger Bandwurm! Der schnelle Wirt des Schmarotzers witzelt: »Das war das erste und einzige Mal, dass mich ein Beifahrer besiegt hat.«

1936 holt Bernd Rosemeyer beim Eifelrennen den im Vorjahr verpassten Sieg nach. Zunächst regnet es in Strömen, dann zieht Nebel auf. Nuvolari führt vor Rosemeyer. Ein zeitgenössischer Bericht schildert den weiteren Rennverlauf:

»Da scheint es ihm (Rosemeyer) inmitten dieser Irrsinnsfahrt, als habe er kurz vor sich ein rotes Wagenheck gesehen. Dass muss Nuvolari sein. Nun gibt es kein Halten mehr. Da hat er den Roten, auf der Geraden liegen sie im Höchsttempo dicht beieinander. Langsam scheint sich Rosemeyers Wagen vorbeizuschieben, da kommt die Südkehre – nein, es geht nicht, Nuvolari schafft sie vor ihm. Die Gegengerade, da schafft er es, und ehe er die Nürburg-Betonkurve anschneidet, hat er den Roten hinter sich. Ein Rennen auf Leben und Tod. Als Rosemeyer wieder an den Boxen vorbeikommt, da ist die Waschküche so dicht, dass er keine Signaltafel mehr erkennen kann. Nun ist es ganz aus, so weiß er, dass er nur mehr auf gut Glück fahren muss. Ins Ungewisse! Das

Eine original Rennwerkstatt aus den dreißiger Jahren. Ausgestellt in der Erlebniswelt Nürburgring

Einzige was ihm sicher ist: Die Führung!«

Und die nimmt ihm auch niemand mehr...

War es damals weniger schwierig, einen Grand-Prix-Rennwagen zu beherrschen?

Nein, sicher nicht.

Pro Jahr melden sich in der zweiten Hälfte der 30er Jahre je circa 4000 (!) Bewerber bei Mercedes und der Auto Union, um eines der begehrten Cockpits zu ergattern. In seinen Memoiren erinnert sich Mercedes-Rennleiter Alfred Neubauer an einen Sichtungslehrgang,

## Die Helden

Keine Frage: Ein Sieg auf dem Nürburgring galt für Generationen von Rennfahrern als das größte Ziel. Ein Triumph auf der Nordschleife, das war der »Ritterschlag« für Grand-Prix-Piloten. Wem dieses Kunststück dreimal gelang, der wurde zum »Meister des Nürburgrings« ernannt. Als Anerkennung bekam der Glückliche einen wertvollen Siegelring überreicht...

Der erste Pilot, der als Nürburgring-Spezialist Ruhm genoss, war Rudolf Caracciola. Der »größte Sohn Remagens« gewann den Eifel-Grand-Pix in den Jahren 1928, 1931, 1932, 1937 und 1939. Nicht nur wegen dieser fünf Siege ist »Caratsch« wohl der größte »Ring-Experte« der Rennsportgeschichte. Jeder Millimeter der Piste war ihm vertraut, und er verstand es, schonend

**Einer der ganz Großen, auch am Ring. Bernd Rosemeyer, 1909 in Lingen geboren. 1936 und 1937 Sieger des Eifelrennens**

mit dem Material umzugehen – denn der Nürburgring verlangt nicht nur den Piloten, sondern auch den Rennwagen alles ab. Der legendäre Alberto Ascari, ihm gelang von 1950 (der Grand Prix zählte noch nicht zur WM) bis 1952 ein lupenreiner Hattrick, hatte sogar Sieg Nummer vier vor Augen: 1953 führte er nach fünf Runden bereits mit 37 Sekunden Vorsprung, als sich das rechte Vorderrad seines Ferrari Tipo 500 löste. Nach dem Italiener folgte Juan Manuel Fangio als Herr des Rings. Auch der Argentinier siegte dreimal in Folge – von 1954 bis 1957. 1955, muss man wissen, wurde der GP nicht ausgetragen. Fangio, genannt der »Maestro«, siegte nacheinander auf Mercedes, Ferrari und Maserati. Der Erfolg im Jahr 1957 war das Ergebnis einer legendären Aufholjagd, in deren Verlauf Fangio das Ferrari-Duo Peter Collins und Mike Hawthorn niederkämpfte. Wäh-

## *Talentsichtung 1936 bei Mercedes. Ein Fahrschüler stirbt*



den Mercedes 1936 auf dem Nürburgring durchführt. 30 Bewerber werden eingeladen. Als Bilanz gemacht wird, ist einer der Fahrschüler tot – er verunglückt am Steuer eines 2,3 Liter Tourenwagens im Karussell. Einer hat nach einem Crash in der Fuchsröhre Reißaus genommen, ein Grand-Prix-Auto im Wert von einer halben Million Reichsmark ist ausgebrannt – und, ja, mit dem Briten Dick Seaman wird immerhin ein einziges, Talent entdeckt.

Dieser Dick Seaman beweist Alfred Neubauer 1938 auf dem Nürburgring, dass er bereit ist, sich preußischer Teamdisziplin zu unterwerfen.

Manfred von Brauchitsch führt das Rennen, dicht von Seaman bedrängt, an. Neubauer befürchtet, dass die beiden Streithähne im Kampf um den Sieg ihre Motoren überdrehen oder in einen Straßengraben rutschen. Als das Duo nach 16 Runden Boxenstopps einlegt, vergattert der Chef den Briten, von Brauchitsch nicht weiter zu attackieren. Seaman willigt zähneknirschend ein. Wenig später steht von Brauchitschs Mercedes in Flammen – überlaufender Sprit, der Tank wird per Druck mit 25 Litern pro Sekunde gefüllt, hat den W154 entzündet. Neubauer handelt reaktionsschnell: Er zerrt den Piloten aus dem Cockpit und wälzt ihn am Boden, um die Flammen des brennenden Overalls zu ersticken. Parallel werden Schaumlöscher eingesetzt, um den Rennwagen zu retten.

Als das Chaos vorüber ist, sieht Neubauer den Boliden von Dick Seaman, der sich noch keinen Meter bewegt hat. Der Chef bekommt einen Tobsuchtsanfall,

**Ein moderner Silberpfeil auf der neuen Grand-Prix-Strecke. Am Steuer: David Coulthard**

und Seaman antwortet cool: »Ich dachte, ich soll Brauchitsch den Vortritt lassen.« Neubauer ändert seinen Befehl und Seaman siegt!

Das sind sie, diese Anekdoten, die den Nürburgring so einmalig machen...

1939 schlägt Rudolf Caracciola ein letztes Mal auf dem Ring zu. Der große Favorit heißt Hermann Lang, der bei Mercedes vom Mechaniker zum Grand-Prix-Piloten aufstieg. Bitte stelle sich das einer in der heutigen Zeit vor...

Der Schwabe Lang erobert prompt die Pole-Position und kommt aus der Startrunde mit einem Vorsprung von unglaublichen 27 Sekunden zurück zu Start-und-Ziel.

Nach zwei Umläufen hat er bereits ein Zeitpolster von 40 Sekunden. Dann, nach drei Runden, stoppt Lang an den Boxen. Neubauer ist konsterniert, versteht die Welt nicht mehr. Lang erklärt in seinem ihm eigenen schwäbischen Dialekt: »Da isch ebbes los mit'm Wage, an onsauberer Ton im Auspuff – 's hat koi Zweck weiterz'fahre. Sonscht isch's Wägele ganz hee.«

Die Formel-1-Strecke. Bisher 4,556 km lang. Sie wird im Moment um die »Mercedes-Arena« erweitert

Für kurze Zeit übernimmt der deutsche Maserati-Pilot Paul Pietsch die Führung, aber bei dem regnerischen Wetter spielen die Zündkerzen verrückt. Anschließend führt Nuvolari (Auto Union) bis zu Beginn der zehnten Runde vor Caracciola.
Als der Italiener die Zündkerzen wechseln lässt, übernimmt »Caratsch« das Kommando. Nach 4:08:41,8 Stunden wird Caracciola als Sieger abgewinkt. Das entspricht einem Schnitt von 121,2 km/h – so langsam fuhr in der Eifel seit 1935 keiner mehr…

rend der denkwürdigen Schlacht über 22 Runden, für die der Gewinner 3:30:38,3 Stunden benötigte, stellte Fangio mit 9:17,4 Minuten einen neuen, fabelhaften Rundenrekord auf. Nach Fangio gelang es auf der Nordschleife nur noch Jackie Stewart dreimal zu triumphieren. Der Schotte mit dem Silberblick setzte sich 1968, 1971 und 1973 durch. Unvergessen sein erster Erfolg, als er bei Regen und Nebel die Konkurrenz an die Wand spielte. Im Ziel betrug sein Vorsprung vor dem zweitplatzierten Graham Hill unglaubliche 4:03,2 Minuten. Seit dem Vorjahr hat endlich auch die neue Grand-Prix-Strecke ihren Meister gefunden: Michael Schumacher, jetzt ebenfalls dreifacher Champion.
Aber nicht nur die »Meister des Nürburgrings« setzten auf der Nordschleife Maßstäbe. 1936 war es Bernd Rosemeyer, der den Rundenrekord erstmals unter

Alberto Ascari lässt sich am Ring feiern

zehn Minuten schraubte. Die Neun-Minuten-Grenze knackte Wolfgang Graf Berghe von Trips 1961, als er mit 8:59,9 Minuten gestoppt wurde. Wenig später blieben die Uhren für Phil Hill bei 8:57,8 Minuten stehen. Damit nicht genug: 1969 wagte sich der belgische Ring-Kenner Jacky Ickx mit einer Zeit von 7:43,8 Minuten in neue Bereiche. Bevor die Nordschleife um zwei Kilometer verkürzt wurde, was weitere Vergleiche unmöglich machte, setzte Clay Regazzoni 1975 mit 7:06,4 Minuten den Schlusspunkt der Rekordjagd. Am selben Wochenende war Ring-Gegner Niki Lauda im Qualifying mit einer Zeit von 6:58,6 Minuten eine Fabelrunde gelungen. Als Rekord fand diese Leistung keine Anerkennung, da Rekorde bis heute nur im Rennen aufgestellt werden können. Von Bernd Rosemeyer bis Niki Lauda – neben den Siegern zählen auch die »Minutenknacker« zu den Helden des Rings…

**Im Lorbeerkranz: Rudolf Caracciola (rechts) mit seinem Team-Kollegen Christian Werner nach ihrem Sieg auf Mercedes 1928**

## *Der unvergessene Schlagabtausch zwischen Kling und Fangio*

Nach dem Zweiten Weltkrieg wird die Tradition fortgesetzt, als die Schäden repariert worden waren. So hatte eine amerikanische Panzereinheit, aus südlicher Richtung »attackierend«, das Fahrerlager erobert, indem sie von Müllenbach aus mit einer Zangenbewegung über die Südschleife vorrückte. Dabei hinterließen die Panzerketten erhebliche Schäden.

Schon 1951 wird der erste Formel-1-WM-Lauf auf der Nordschleife ausgetragen, nachdem die Sportabteilung der FIA den Begriff »Formel 1« im Herbst 1946 erfunden hatte und 1950 das erste Championat veranstaltet worden war. Zunächst bleiben die Formel-1-Asse der Rennstrecke bis 1969 treu. Die Serie legendärer Grand Prixs setzt sich in dieser Epoche fort...

1954 kommt es in der Eifel zu einem unvergessenen Schlagabtausch zwischen den Mercedes-Piloten Karl Kling und Juan Manuel Fangio.

Kling startet aus der letzten Reihe, nachdem ihm im Training wegen eines Defektes – Radverlust – keine einzige gezeitete Runde gelang. Noch vor »Halbzeit« schiebt sich Kling auf Platz zwei hinter Fangio vor. Für kurze Zeit übernimmt der Deutsche sogar die Führung, aber dann wirft ihn ein Reparaturstopp (die hintere Radaufhängung ist defekt) auf Platz vier zurück.

Fangio siegt.

Auch 1956 dominiert der Argenti-

Alberto Ascari (Foto) gewinnt 1953 mit Teamkollege Farina das 1000-Kilometer-Rennen

nier, dem dann 1957 auf dem Nürburgring der größte Sieg seiner Karriere gelingt. Die Ferrari-Piloten Mike Hawthorn und Peter Collins wollen an jenem denkwürdigen 4. August ohne Boxenstopp über die 22 Runden kommen. Fangio hingegen lässt den Tank seines Maserati nur zur Hälfte füllen. Unterwegs will er nachtanken und bei dieser Gelegenheit auch die Reifen wechseln lassen.
Die Rechnung des Maestro scheint aufzugehen. Als er nach zehn Runden den Routinestopp einlegt, beträgt sein Vorsprung 31

## Die Toten

Brütend heiß ist es, als der Große Preis von Deutschland des Jahres 1928 gestartet wird. Gleich zweimal stoppt der Prager Bankier Vincenz Junek in der Frühphase des GPs an den Boxen, weil die Lenkung seines Bugatti 35B schwergängig ist. Dann gibt Junek wieder Gas. In der sechsten Runde überschlägt sich der gelbe Rennwagen in der Rechtskurve hinter der Brücke von Breitscheid. Die Lautsprecherstimme meldet trocken: »Der Wagen Nummer neun ist umgeschlagen. Fahrer leider tot.« Mit Ernst von Halle fordert dieser Grand Prix sogar noch ein zweites Menschenleben.
Gerade in den Anfängen des Motorsports war der Tod ständiger Beifahrer. Auch auf dem Nürburgring. 1932 will der Berliner Hans-Joachim von Morgen im ersten Training für das Eifelrennen den Motor seines Bugatti 51 einfahren. Die Kölner Firma Kolben-Krämer hat das Triebwerk unmittelbar zuvor überarbeitet. Nur langsam rollt von Morgen über die Nordschleife, verliert dann aber ausgangs der »Hatzenbach« die Kontrolle über seinen Boliden und wird vom eigenen Rennwagen erschlagen. Besonders tragisch: Das Bugatti-Ass hatte erst vier Monaten zuvor geheiratet. Fünf Jahre später kollidieren der Mercedes des Briten Dick Seaman und der Auto Union des Deutschen Ernst von Delius während des Grand Prixs von Deutschland bei Tempo 260 km/h an der »Antoniusbuche«. Seaman kommt glimpflich davon. Sein Rivale wird aus dem Cockpit geschleudert und landet jenseits der parallel verlaufenden heutigen B 412. Von Delius stirbt 24 Stunden später in der Bonner Uni-Klinik an den Folgen einer Gehirnquetschung.
Der erste tödliche Unfall während eines Laufs zur Fahrer-WM der Formel 1 ereignet sich am 31. Juli 1954 auf der Nordschleife. Im Trainings durchbricht der

Ein Kreuz markiert die Stelle, an der Peter Collins starb

## *Aufwirbelnde Steine zerschlagen die Rennbrille des Engländers*



Sekunden vor dem Ferrari-Duo. Fieberhaft arbeiten die Mechaniker, während Fangio neben seinem Maserati steht und eine kleine Flasche Mineralwasser leert. Unerwartet zieht sich der Stopp in die Länge. Mehr als 50 Sekunden verstreichen, dann jagt Fangio den beiden Briten nach. Vor dem Start lag der Rundenrekord bei 9:41,2 Minuten. Diese Leistung ist längst unterboten, als Fangio in der Schlussphase des Grand Prixs Dampf macht. Die 17. von 22 Runden fährt der Südamerikaner in 9:28,5 - die 18. in 9:25,3. Jetzt liegt er nur noch 20 Sekunden hinter der Spitze. Und er lässt nicht locker: Runde 19 bringt ihm einen neuen Rekord: 9:23,4!

Dann steigert er sich auf 9:17,4 Minuten – eine Rundenzeit aus einer anderen Welt. Jetzt hat er Kontakt zu Collins, den er sich am Ende der Gegengeraden schnappt. Aufwirbelnde Steine zerschlagen die Rennbrille des Engländers.

Auf der Abfahrt hinunter nach Breitscheid ist auch Hawthorn fällig. Fangio gewinnt und gesteht nach der Siegerehrung: »Heute habe ich Dinge gewagt, die ich nie zuvor wagte und die ich in meinem Leben niemals mehr wagen möchte.«

Elf Jahre später werden Erinnerungen an das Eifelrennen der Saison 1936 wach: Am Grand-Prix-Wochenende verwandelt sich die Region in eine Waschküche. Nebel, Nebel, Nebel. Im Bereich der höher gelegenen Streckenabschnitte beträgt die Sichtweite nicht mehr als 50 Meter. Und es regnet fürchterlich. Jacky Ickx erobert die Pole mit einer Zeit von langsamen 9:04,0 Minuten. Das sagt alles, denn schon 1961 wurde im Training schneller gefahren...

Chris Amon kommt als Zweitschnellster auf eine Zeit, die Mike Hawthorn bereits vor 20 Jahren erreichte!

Und das Wetter bleibt so: Am Renntag wird der Start um eine Stunde verzögert, erst dann geht´s los. Glücklicherweise bleiben die befürchteten Unfälle aus. Nur drei Piloten segeln von der Piste, bleiben aber völlig unverletzt. Jackie Stewart triumphiert, spricht anschließend vom größten Sieg seiner Karriere – und der »Grünen Hölle«.

In diesen Jahren – von der Eröffnung bis zur Modernisierung 1970/71 – ist Streckenkenntnis das A und O für jeden, der auf dem Ring halbwegs schnell sein will. Unzählige blinde Kurven und zahlreiche Sprunghügel machen den Fahrern das Leben schwer. Wegen der Hecken, die die Piste über viele Kilometer säumen, kursiert der Spruch, der Abflüge umschreibt: »Hecke auf – Hecke zu.« Frei nach Charles Darwin, auch wenn es zynisch klingen mag, fand das Prinzip der natürlichen Auslese statt.

1970 ändert sich vieles. Aus Sicherheitsgründen drohen Jochen

**Start frei zur Formationsrunde. Formel-1-Parade vor dem Dorint-Hotel am Ring**

Während des Formel-1-Rennens werden auch Teile der Nordschleife zum gigantischen Parkplatz

Rindt, Jackie Stewart und Co. mit einem Boykott, falls keine Leitplanken errichtet werden. Das Delikate der Drohung: Sie wird vier Wochen vor dem Großen Preis von Deutschland ausgesprochen. Weder das Budget des Nürburgrings noch die verbleibende Zeit reichen aus, um die Forderung zu erfüllen. Als Folge weicht der veranstaltende AvD auf den Hockenheimring aus.
Jetzt wird in der Eifel gehandelt. Für 5,6 Millionen Mark wird die Rennstrecke radikal modernisiert: Böschungen werden zurückver-

Maserati des Argentiniers Onofre Marimon bei »Wehrseifen« eine Hecke und stürzt einen Hang hinunter.
1958 erwischt es den britischen Ferrari-Fahrer Peter Collins im »Pflanzgarten«, als der unglückliche Pilot aus dem Cockpit heraus gegen einen Baum geschleudert wird. In der Bonner Uniklinik wird ein Bruch der Schädelbasis festgestellt. Jede Hilfe kommt zu spät.
Trotz einer defekten Felge seines Porsche 718 wagt sich Carel Godin de Beaufort 1964 auf eine schnelle Trainingsrunde. Die Zeit drängt, der Holländer hat sich noch nicht qualifiziert. Er kommt bis zum »Bergwerk«, dann bricht die Felge. Mit schweren Rückgratverletzungen wird er per Krankenwagen über eine Kopfsteinpflasterstraße nach Bonn in die Klinik gebracht – den Transport überlebt er nicht.
1966 scheint der Brite John Taylor Glück im Unglück zu haben. Vier Wochen nach

**Der zerstörte Maserati von Onofre Marimon. Kollege Froilan Gonzalez (Mitte) trauert**

einem Feuerunfall befindet er sich in einer Neuwieder Klinik auf dem Weg der Besserung. Plötzlich Infektions-Alarm! Der Gesundheitszustand verschlechtert sich rapide, Taylor stirbt.
Gerhard Mitter freut sich 1969 auf seine erste komplette Formel-1-Saison. Er hat für 1970 einen Brabham-Vertrag unterschrieben. Aber der Traum geht nicht in Erfüllung. Beim Training bricht am »Flugplatz« die Lenkung seines BMW der Formel 2. Die Kopfverletzungen des Böblingers sind tödlich.
Wer den Motorsport liebt, darf auch vor dessen Gefahren nie die Augen verschließen.

**Andere Zeiten, andere Uhren – 1937. Start frei zum Großen Preis von Deutschland**

## *Ein gewisser Ayrton Senna gewinnt das erste Rennen auf der neuen Strecke*

setzt, berüchtigte Sprunghügel abgetragen, Senken entschärft, Drainagen gebaut, Randstreifen angelegt, 13 km Leitplanken errichtet und Fangzäune montiert.
Am »Schlimmsten« erwischt es die Streckenabschnitte bei Kilometer 12,8 und am Brünnchen. Die »Grüne Hölle« ist damit eigentlich für immer gestorben. Der Mythos nicht.
Nürburgring-Fan Jacky Ickx – Sieger des Grand Prixs 1969 – schimpft, man habe den Kurs in eine »Autobahn durch die Eifel« verwandelt…
Von wegen.
Bis einschließlich 1976 genügt diese »Autobahn« den Sicherheitsansprüchen der F1-Piloten. Dann der eingangs beschriebene Unfall von Niki Lauda – und es folgte das endgültige Aus für die Nordschleife als Formel-1-Piste.
Anschließend wird lange diskutiert, wie die Formel 1 zurück in die Eifel geholt werden kann. Eine drastische Verkürzung der Nordschleife wird ebenso in Erwägung gezogen wie ein Totalumbau der Südschleife. Außerdem werden Neubauten skizziert – zunächst eine lange, recht anspruchsvolle, dann eine kürzere Variante, die letztlich den Zuschlag erhält.
Nach zweieinhalb Jahren Bauzeit wird die neue Grand-Prix-Strecke fertig gestellt. 81 Millionen Mark für die Südschleife und zwei Kilometer der historischen Nordschleife hat das Projekt verschlungen.

Ascari triumphiert zum dritten Mal und wird als »Meister des Nürburgringes« ausgezeichnet

Die Eröffnung wird am 12. Mai 1984 gefeiert. 120 000 Fans marschieren bei miserablem Wetter auf, um Zeuge des historischen Ereignisses zu werden.
Neben einer umstrittenen Show wird lediglich ein »Autorennen« geboten: Am Steuer identischer Mercedes 190E starten ehemalige und aktive F1-Piloten. Zum Entsetzen des Publikums gewinnt der »namenlose« Brasilianer Ayrton Senna. Seitdem fanden bis zum heutigen Tag auf der Grand-Prix-Piste des Nürburgrings neun Formel-1-Läufe statt: Ein Großer

## Die Autos

Der Siegerwagen des ersten GP von Deutschland auf dem Nürburgring ist der legendäre Mercedes vom Typ »S«. Unter der langen Motorhaube des mächtigen Autos arbeitet ein Sechszylinder mit knapp 6,8 Litern Hubraum. Bei 3000 U/min entfaltet das Kraftpaket dank eines Kompressors 180 PS.
Die Spitzengeschwindigkeit des berühmten »weißen Elefanten«: 165 km/h.
Ein wirklicher Grand-Prix-Wagen ist der Typ »S« – später wird die Baureihe um die Weiterentwicklungen »SS«, »SSK« und

**Mercedes S aus den zwanziger Jahren. Unter der Haube steckt ein mächtiger Sechszylinder. Das Auto wird »weißer Elefant« genannt**

**Ein Auto Union aus dem Jahre 1936, konstruiert von Ferdinand Porsche. Es ist das erste große Rekordauto am Ring**

»SSKL« erweitert – nicht. Der Große Preis von Deutschland 1927 war für Sportwagen ausgeschrieben. Der Auto Union, mit dem Bernd Rosemeyer 1936 die »Schallmauer« von zehn Minuten pro Runde durchbricht, stammt vom Reißbrett des berühmten Professors Ferdinand Porsche. Seine Power be-

**Volle Tribünen, die Spannung steigt. 1937, nur noch wenige Sekunden bis die Motoren aufheulen**

## »Was ich hier mache? Ich suche mein rechtes Ohr«

Preis von Deutschland (1985), zwei Grand Prixs von Luxemburg (1997 und 1998) sowie sechs Grand Prixs von Europa (1984, 1995, 1996, 1999, 2000 und 2001). Im Verlauf dieser Periode – von 1984 bis 1901 – steigerte sich die Zeit der schnellsten Rennrunde von 1:53,538 Minuten auf 1:18,354 Minuten. Juan-Pablo Montoya heißt der aktuelle Rekordhalter.

Der große Star des neuen Nürburgrings aber heißt Michael Schumacher...

Gleich dreimal schlug der Kerpener bei der Hatz – 67-mal hinunter in die Dunlop-Kehre und wieder zurück zu Start-und-Ziel – zu. Er, der vierfache Weltmeister, war es, der als erster deutscher F1-Pilot auf heimischem Boden am Steuer eines Ferrari siegte. Als er 2000 den Finnen Mika Häkkinen niederkämpfte und alle übrigen Rivalen mindestens einmal überrundete. Wie früher Rudolf Caracciola, Bernd Rosemeyer, Manfred von Brauchitsch und Hans Stuck, locken jetzt die Schumi-Brüder und ihre deutschen PS-Kollegen die Fans in die Eifel..

Und auch Niki Lauda, der der Traditionspiste Nordschleife nach seinem Feuerunfall den Garaus machte, ist jedes Jahr wieder dabei – als Teamchef des Rennstalls Jaguar Racing.

Mit der alten Nordschleife hat sich der Österreicher inzwischen längst wieder ausgesöhnt. 20 Jah-

Eifelrennen 1936. Bernd Rosemeyer auf Auto Union überholt Tazio Nuvolari im Alfa Romeo

re nach seinem Crash, 1996, stand Lauda wieder in der Unglückskurve, um mit Freunden auf seine Wiedergeburt zu trinken. Ein Fan fragte: »Herr Lauda, was machen sie denn hier?« Lauda antwortete lächelnd: »Ich suche mein rechtes Ohr.«

ACHIM SCHLANG

kommt der Bolide von einem 16-Zylinder-Motor mit Roots-Kompressoren, der aus einem Hubraum von gut sechs Litern bei 5000 U/min 520 PS entwickelt. Auf der längsten Welle erreicht die Mittelmotor-Konstruktion 340 km/h – eine für die damalige Zeit unglaubliche Geschwindigkeit...

Der Konkurrenz haushoch überlegen ist der erste Nachkriegs-Silberpfeil »W196«, den Juan Manuel Fangio nach dem historischen Duell mit Karl Kling 1954 zum Sieg fährt. Das Stahlrohr-Chassis mit innenliegenden Trommelbremsen wird von einem Achtzylinder-Reihenmotor mit 2496 ccm Hubraum angetrieben. Das

**Der große Juan Manuel Fangio im Mercedes Silberpfeil W196. Das Auto ist der Konkurrenz haushoch überlegen**

Aggregat weist einige Besonderheiten auf, wie eine Bosch-Direkteinspritzung und zwangsgesteuerte Ventile. Diese sogenannte »desmodromische Steuerung« macht Ventilfedern überflüssig, da die Ventile über Nocken und Schlepphebel geöffnet bzw. geschlossen werden.

Der Saugmotor dreht bis 8500 U/min und leistet 280 PS. Im fünften Gang beschleunigt der »W196« bis auf 280 km/h.

Das beste Formel-1-Auto der Saison 1961 ist der Ferrari Tipo 156 mit dem unverwechselbaren Haifischmaul. Auch dieser Wagen ist zur Legende geworden. Rückblickend kann der Tipo 165 eigentlich nur mit bescheidenen Leistungen aufwarten. Von zwei Weber-Doppelvergasern gespeist, bringt es der Sechszylinder-V-Motor bei 9500 U/min auf 190 PS. Aber das ist genug, um auf dem Nürburgring für Furore zu sorgen: Wolfgang Graf Berg-

☛

»Eine wilde Zeit.« Hans-Joachim Stuck damals, als er als Formel-1-Pilot auf der Nordschleife sein Leben riskierte

# Wir waren wilde Hunde

*Hans-Joachim Stuck über die Strecke, die er lieben und fürchten lernte. Er sagt: »In der Grünen Hölle bin ich groß geworden«*

Es gibt auf dieser Erde keinen Rennfan, der nicht weiß, was der Nürburgring ist. Denn der Ring ist Legende. Und eines dürfen Sie mir glauben: Wer die Nordschleife beherrscht, den kann weltweit kein anderer Kurs mehr überraschen.

Auf der Nordschleife macht ein Pilot seine Meisterprüfung! Damals wie heute...

Diese 22,8 Kilometer sind einmalig. Überall auf der Welt wurden Strecken im Laufe der Jahrzehnte umgebaut, aufgelassen, entschärft – doch der Ring blieb. Und lebt. Und ist fast noch so wie er damals war, 1936, als mein Vater Hans dort den Großen Preis gewonnen hat.

Ja, ich bin in der »Grünen Hölle« groß geworden.

Gerade mal neun Jahre war ich alt,

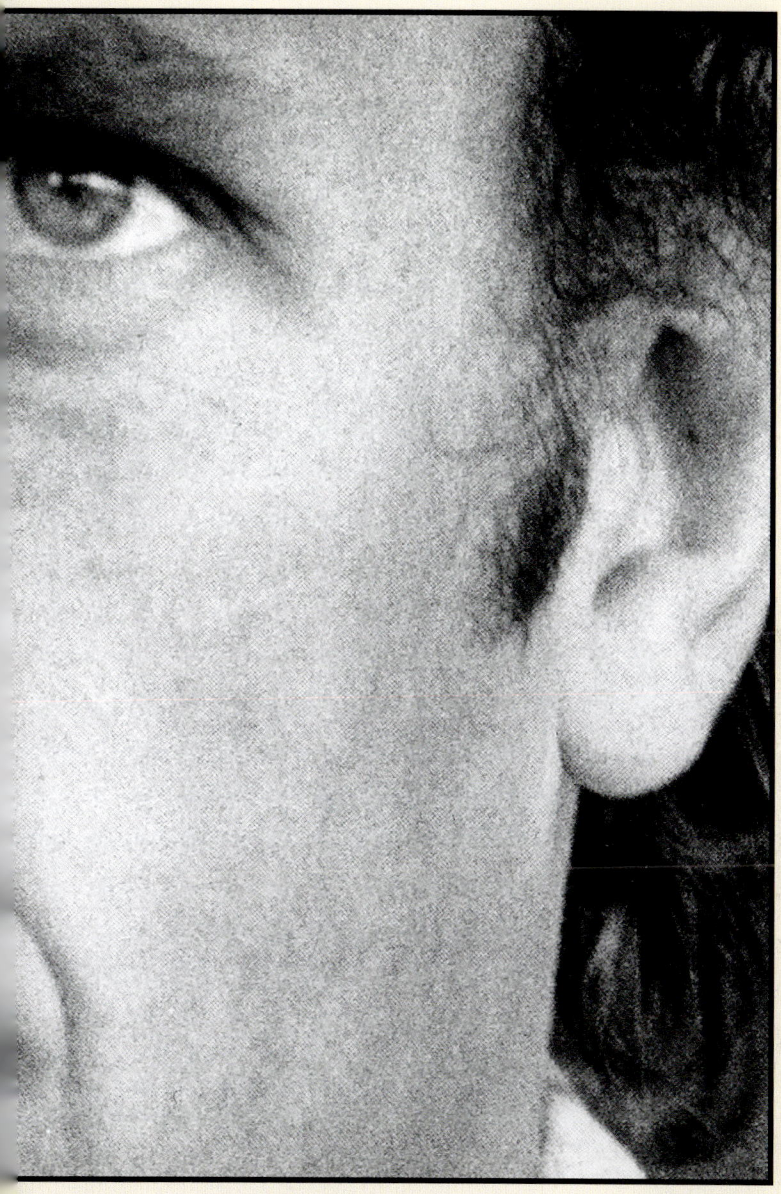

Rennfahrer Hans-Joachim (»Striezel«) Stuck ist BILD-Kolumnist und Formel-1-Experte von Premiere World

als mein Vater mir im BMW 700 zwei Kissen unter den Hintern schob und mich ans Steuer setzte. Geht ja, ist ja kein öffentlicher Straßenverkehr. Wir sind zwei Runden gefahren, mein Vater schwitzte und sagte nur, ich erinnere mich wie heute: »Das halten meine Nerven nicht aus. Fahr mal alleine. Aber schön langsam.«
Das war meine erste Runden auf dem Nürburgring. Heute ist der Rennsport mein Beruf. So etwas vergisst du trotzdem nicht.
Vom Ring könnte ich Geschichten erzählen, ehrlich. Das wäre ein ei-

he von Trips und Phil Hill drehen mit den italienischen Rennwagen die ersten Ring-Runden unter neun Minuten. »Überlebt« hat übrigens kein einziger Tipo 156 – auf Befehl von Enzo Ferrari wurden alle Rennautos dieser Baureihe verschrottet… Zu den kuriosesten F1-Autos, die je auf dem Nürburgring siegten, zählt der Matra-Ford MS 10, an dessen Steuer Jackie Stewart 1968 den »Waschküchen-Grand-Prix« gewinnt. Typisch für diese Saison: Der monströse Heckflügel, der hoch über der Hinterachse schwebt. Das »Herz« dieses Autos, der Drei-Liter-Cossie, entwickelt bei 9200 U/min 410 PS.

**Formel-1-Legende Wolfgang Graf Berghe von Trips im Ferrari Tipo 156 mit dem legendären Haifischmaul. Hinter ihm sein Teamkollege Phil Hill (USA). Reichsgraf von Trips stirbt 1961 in Monza. Er hätte der erste deutsche Weltmeister werden können**

Wegen des miesen Wetters ist Stewart aber nicht so schnell wie die 190-PS-Ferrari der Herren von Trips und Hill im Jahr 1961. Die unvergessene Qualifying-Runde von 6:58,6 Minuten knallt Niki Lauda 1975 am Steuer eines Ferrari 312 T auf den Asphalt der Eifelpiste. Der 180°-Zwölfzylinder zaubert bei 12 500 U/min glatte 500 PS aus 2991 ccm Hubraum.
An jenem 2. August geht im Schatten von Laudas Glanzleistung beinahe unter, dass Carlos Pace, Brabham-Ford BT44B, mit 7:00,0 Minuten nur unwesentlich langsamer ist. Das Auto des Brasilianers hat übrigens 15 PS weniger als der Ferrari des gefeierten Österreichers.

| Alle F1-Sieger auf dem Nürburgring | |
|---|---|
| 1951 | **Alberto Ascari** Ferrari 375 |
| 1952 | **Alberto Ascari** Ferrari 500 |
| 1953 | **Nino Farina** Ferrari 500 |
| 1954 | **Juan Manuel Fangio** Mercedes W196 |
| 1956 | **Juan Manuel Fangio** Ferrari D50 |
| 1957 | **Juan Manuel Fangio** Maserati 250F |
| 1958 | **Tony Brooks** Vanwall |
| 1961 | **Stirling Moss** Lotus 18/21 |
| 1962 | **Graham Hill** BRM P57 |
| 1963 | **John Surtees** Ferrari 156/63 |
| 1964 | **John Surtees** Ferrari 158 |
| 1965 | **Jim Clark** Lotus 33 |
| 1966 | **Jack Brabham** Brabham BT 19 |
| 1967 | **Denny Hulme** Brabham BT 24 |
| 1968 | **Jackie Stewart** Matra MS10 |
| 1969 | **Jacky Ickx** Brabham BT 26A |
| 1971 | **Jackie Stewart** Tyrell 003 |
| 1972 | **Jacky Ickx** Ferrari 312B2-72 |
| 1973 | **Jackie Stewart** Tyrell 006 |
| 1974 | **Clay Regazzoni** Ferrari 312B3 |
| 1975 | **Carlos Reutemann** Brabham BT 44B |
| 1976 | **James Hunt** McLaren M23 |
| 1984 | **Alain Prost** McLaren MP4-2 |
| 1985 | **Michele Alboreto** Ferrari 156/85 |
| 1995 | **Michael Schumacher** Benetton B195 |
| 1996 | **Jacqes Villeneuve** Williams FW 18 |
| 1997 | **Jacqes Villeneuve** Williams FW 19 |
| 1998 | **Mika Hakkinen** McLaren MP4-13 |
| 1999 | **Johnny Herbert** Stewart SF3 |
| 2000 | **Michael Schumacher** Ferrari F1-2000 |
| 2001 | **Michael Schumacher** Ferrari F2001 |

**Der 1. August 1976, das brennende Ferrari-Wrack von Niki Lauda**

*»Ich bin zum Fahrer des Rettungswagens und flehte ihn an«*

genes Buch, so viel habe ich dort erlebt...
Meine ersten Schritte im Rennsport zum Beispiel. 1964, da war ich 13 Jahre alt. Mein Team, auf das ich sehr stolz war, hieß Scuderia Hanseat. Oder mein erstes richtiges Rennen, 1969, in einem Koepchen-BMW. Es ging über 300 Kilometer. Wir sind noch in Jeans und Hemd gefahren. 17-mal musste ich aussteigen, weil Bodenwellen mein Gasgestänge aushebelten. Ich bin also raus, habe die Motorhaube aufgemacht und das Gestänge immer wieder eingehängt. Trotzdem reichte es noch für einen dritten Platz. Ja, ja, die Erinnerungen.
Manchmal möchte man sie auch verdrängen. Niki Laudas Feuerunfall zum Beispiel, 1986. Wir Fahrer haben alle angehalten, ich stand mit in der ersten Reihe, als der Krankenwagen kam. Die wollten Niki – vorschriftsmäßig – in Fahrtrichtung des Rennens abtransportieren. Das wären elf zusätzliche Kilometer gewesen, obwohl es, wie allen klar war, doch um Leben und Tod ging.
Ich bin zum Fahrer des Rettungswagens und flehte ihn an: »Fahr einfach zurück, nur einen Kilometer. Dann kommt schon die Ausfahrt Adenau und ihr spart euch ins Krankenhaus eine halbe Stunde.« Erst wollte er nicht, aber ich ließ nicht locker. »Da kommt doch keiner mehr, höchstens das Streckensicherungs-Fahrzeug. Alle Rennautos stehen.« Da haben sie umgedreht und den

**Lauda heute. Als Teamchef von Jaguar kehrt er in die Formel 1 und auf den Nürburgring zurück**

Niki auf kürzestem Weg ins Spital gebracht. Später bedankte sich er ganz lieb bei mir. Er weiß, das ihm damals jede Sekunde geholfen hat...
Überhaupt: die Formel 1. Wir müssen alle verrückt gewesen sein. Keine Sicherung, kaum Leitplanken. Nur Hecken und Bäume. Und da haben wir es krachen lassen, volle Kanne. Abends bist du damals im Bett gelegen und dachtest dir nur: »grandiose Strecke.« Heute denke ich anders. Nein, ich denke nicht – ich danke: Dem lieben Gott, dass ich diese Zeiten überlebt habe...

## Das Ausflugsziel

Es ist schlicht schade, dass die Väter des Nürburgrings, die den Rennkurs vor 75 Jahren mit Spitzhacke und Schaufel aus dem Boden stampfen ließen, nicht mal schnell in der heutigen Eifel vorbeischauen können. Sie würden sich die Augen reiben und wären ganz, ganz furchtbar stolz. Denn: Neben der Traditionspiste Nordschleife umfasst das deutsche Mekka des Motorsports mittlerweile den modernen Grand-Prix-Kurs, ein angeschlossenes Tagungs- und Freizeithotel, zwei Fahrsicherheitszentren sowie eine »Erlebniswelt« mit Dauerausstellung rund um den Rennsport und die Geschichte des Rings. In vier ganzjährig geöffneten Hallen mit einer Gesamtfläche von 10 000 qm verspricht die Nürburgring GmbH Autos, Action und Attraktionen. Tatsächlich: Die Besucher können hochinteressante Exponate bestaunen. Zu den Höhepunkten

**Ganzjährig geöffnet: die Erlebniswelt mit Museum, Shop, Café und Kartbahn**

zählt der Formel 1 Maserati vom Typ 250 F, an dessen Steuer der fünfmalige Champion Juan Manuel Fangio 1957 auf der Nordschleife siegte. Das Prunkstück, eine Dauerleihgabe des großzügigen Eigners, zählt mit zu den permanenten Ausstellungsstücken. Andere Rennwagen werden immer wieder ausgetauscht, was den Besuch des Museums auch für »Wiederholungstäter« attraktiv macht. Neben den bereiften Raritäten, von denen jede auf ihre Weise Motorsportgeschichte schrieb, werden Filme mit Rennszenen aus längst vergangenen Epochen gezeigt. Und wer Action erleben will, kann auf der Indoor-Kartbahn seine Runden drehen. Achtung: Die kleinen Flitzer machen »süchtig«. Wer diesen Spaß auch nur einmal ausprobiert hat, der ahnt, weshalb Michael Schuma-

## »Ich danke dem lieben Gott, dass ich diese Zeiten überlebt habe«

Nach Laudas Unfall war Schluss mit Formel 1 auf der Nordschleife. Es ging auch nicht mehr. Wenn Schumi im Ferrari mit über 300 km/h durch die Fuchsröhre fliegen würde, dann wäre das fatal. Seine Kiste würde einfach zerbrechen. Kein Formel-1-Auto der neuen Generation hält diesen Belastungen unter Vollgas stand.
Meine Lieblingskurve ist dabei immer noch das Karussell. Eine kleine Steilkurve, mitten im Kurs – total abgefahren. Wo gibt es so was heute noch? Die Antwort ist einfach: Auf dem Nürburgring. Sonst nirgends. Der Ring ist schon einmalig. So wie es das Wetter in der Eifel ist.
Ich habe Rennen bestritten, da schien am Start die Sonne und hinten in Breidscheid nieselte es und war Nebel, dass du nicht bis in die nächste Kurve schauen konntest. Da sind wir mit Trockenreifen fast im Schritttempo durch, aber waren auf den ganzen 22,8 Kilometern immer noch schneller, als wir es mit Regenreifen gewesen wären.
Mit der neuen Grand-Prix-Strecke haben die Verantwortlichen der Nürburgring GmbH die besten Voraussetzungen für den modernen Rennsport geschaffen. Mit der Nordschleife verwalten sie immer noch ein Juwel.
Man muss mal dabei sein, wenn an einem ganz normalen Wochenende sich Hunderte in die Eifel aufmachen, um selber zu fahren oder als Zuschauer hautnah dabei zu sein. Da werden kleine Volksfeste gefeiert, im Pflanzgarten oder am Brünnchen. Oder bei den großen Langstrecken-Rennen, den 24 Stunden vom Nürburgring zum Beispiel – da ist der Bär los: Lagerfeuer und Zelt statt Tribüne und Plastiksitz. Über Tag und über Nacht.
Das ist Motorsport pur. Das spürst du auch als Fahrer.

**»Fans und Lagerfeuer. Das ist die Nordschleifen-Romantik, die ich so liebe«**

Ich finde es übrigens wichtig und richtig, dass der Ring für Privatfahrer geöffnet bleibt. Auch als »Ventil«, wenn Sie so wollen. Denn es gibt genug Verrückte, die ihr Auto auf der Autobahn ans Limit treiben. Oder Motorradfahrer, die mit halsbrecherischen Aktionen sich und andere gefährden. Am Ring können sie das tun, wenn sie unbedingt müssen. Da sind sie runter von der öffentlichen Straße. Da fährt jeder auf sein eigenes Risiko. Und das ist mir als Familienvater ehrlich gesagt lieber.
Ich würde auch keinem empfehlen, ohne Erfahrung und Streckenkenntnis in der »Grünen Hölle« Vollgas zu geben. Aber eine Runde zu drehen, vielleicht auch ein bisschen schneller als auf normalen Straßen erlaubt – das lohnt sich wirklich.
Mein letztes Rennen, das ich auf dem Nürburgring gewonnen habe, war 1998 in einem BMW-Diesel. Sie hören richtig: Diesel. Es war das 24-Stunden-Rennen und es war der erste internationale Rennsieg für ein Diesel-Auto.
Überhaupt: Formel 1, Formel 2, Gruppe C, Tourenwagen – auf dem Ring bin ich fast alles gefahren, was

Stuck 1997 im Porsche GT auf der neuen Grand-Prix-Strecke. »Für die Nordschleife reichte die Bodenfreiheit nicht«

vier Räder hat. Aber erst ganz spät habe ich gesehen, wie schön die Landschaft rund um die Strecke, wie bergig und reizvoll diese Eifel eigentlich ist.
Das war auf zwei Rädern. Als ich eine Runde auf einem Mountainbike durch die »Grüne Hölle« radelte.Das war die vielleicht anstrengendste Ring-Runde meines Lebens...
Alles Gute zum Geburtstag, lieber Nürburgring!

HANS-JOACHIM STUCK

cher vor Jahren die Interview-Frage nach der größten Erfindung der Menschheit – durchaus nicht nur scherzhaft – mit den Worten »das Kart« beantwortete. Wann immer die Nordschleife nicht für Training, Rennen oder Tests genutzt wird, steht sie für zahlende Besucher offen, die das legendäre Asphaltband rund um die Nürburg mit dem eigenen Pkw befahren wollen. Vorsicht – die Herausforderung ist gewaltig... Und wer es etwas schneller mag, der bucht eine Runde im »Ringtaxi«, der schnellsten Taxe der Welt. Als Beifahrer in einem 400 PS starken BMW M5 geht es durch die berühmten Streckenabschnitte wie Hatzenbach, Fuchsröhre, Kesselchen, Karussell, Schwalben-

**Faszination Nürburgring. Im berühmten Rennsportmuseum stehen unvergessene Autos aus 75 Jahren Motorsportgeschichte**

schwanz oder Galgenkopf. Am Steuer: Ein »echter« Rennfahrer, der millimetergenau weiß, wo's langgeht. Wer länger bleibt, kann einen Kurs in der erfolgreichen Rennfahrerschule Zakspeed buchen – kein billiges, aber ein unvergessliches Erlebnis im Cockpit von Formel-Rennwagen. Ideal für alle, die eine Rennstrecke aus der »Schumi-Perspektive« erleben wollen. Was die PS-Freaks wohl am wenigsten erwarten: Naturfreunde und Athleten kommen auch auf ihre Kosten. Und zwar richtig. Zum einen gibt es in der landschaftlich äußerst reizvollen Eifel-Region Natur »satt«, zum anderen laden eigens angelegte Wander- und Mountainbikewege rund um die Rennstrecke zum genussvollen Spaziergang, Joggen und Radeln ein. Die Bedenken der Naturschützer, die den Bau des Nürburgrings in den 20er-Jahren verhindern wollten, waren unbegründet.

MAGNETI
MARELLI
MAGNETI
MARELLI

# Strecken 2002

Jeder Kurs hat seine eigene Charakteristik. Ob Technik oder Taktik – hier erfahren Sie, worauf es ankommt

**Das große Rennen rund um die Welt. 5000 Vollgas-Kilometer auf 17 Strecken in 15 Ländern.**
**Es gibt Kurse, auf denen nur die Motorleistung zählt. Andere Grand Prixs müssen strategisch bestens geplant sein. Manchmal ist ein starkes Fahrwerk Trumpf, manchmal sind schnelle Boxenstopps besonders wichtig. Oder die Aerodynamik zählt. Oder das Monocoque. Hier die 17 Strecken im Überblick. 17 farbige Grafiken. Dazu wird jeweils ein Stichwort erklärt: Taktik, Technik, Regeln. Die Hintergründe**

# Grand Prix von Australien

**Technik: Monocoque. Wie die Überlebenszelle aus Kohlefaser auch bei Unfällen mit 300 km/h Leben rettet...**



BILD-Experte Hans-Joachim Stuck sagt: »Als Formel-1-Fahrer überlebst du heute Situationen, die früher dein sicherer Tod gewesen wären.«

Zum Beispiel dieser Horror-Crash von Jacques Villeneuve. Letztes Jahr in Melbourne. Mit 300 km/h knallte der BAR-Pilot ungebremst ins Heck von Ralf Schumachers BMW-Williams. Villeneuve überschlug sich mehrmals, Wrackteile töteten einen Streckenposten – er selbst blieb unverletzt. Ein Wunder? Nein. Das so genannte Monocoque rettete zumindest Villeneuves Leben.

Monocoque, das ist die wannenförmige Sitzröhre aus Kohlefaserwaben. Umgangssprachlich auch »Überlebenszelle« genannt.

Früher bestand das Monocoque aus Aluminium. Jetzt wird es aus einem Kohlefaser-Verbundstoff in Spezialöfen bei hohen Temperaturen geformt und hart gebacken.

Das Monocoque ist enorm leicht (ca. 35 Kilo), aber ultra-haltbar. Es wurde einst von McLaren entwickelt und kostet rund 50 000 Euro.

Das harte FIA-Reglement verlangt mittlerweile, dass die Monocoques Aufpralle bis zu Tempo 300 aushalten. Dafür müssen alle Formel-1-Autos vor jeder Saison zum vorgeschriebenen Crashtest – frontal und seitlich.

**Ein Horror-Unfall. Mit 300 km/h zerschellte der BAR von Jacques Villeneuve an einer Mauer**

## Rennergebnis 2001

| Platz | Fahrer | Rückstand |
|---|---|---|
| 1. | **Michael Schumacher** (Ferrari) | 1:38:26,533 |
| 2. | David Coulthard (McLaren-Mercedes) | 1,717 Sek. |
| 3. | Rubens Barrichello (Ferrari) | 33,491 |
| 4. | Nick Heidfeld (Sauber-Petronas) | 1:11,479 Min. |
| 5. | Heinz-Harald Frentzen (Jordan-Honda) | 1:12,807 |
| 6. | Kimi Räikkönen (Sauber-Petronas) | 1:24,143 |
| 7. | Olivier Panis (BAR-Honda) | 1:27,050 |
| 8. | Luciano Burti (Jaguar-Cosworth) | 1 Runde |
| 9. | Jean Alesi (Prost-Acer) | 1 Runde |
| 10. | Jos Verstappen (Arrows-AMT) | 1 Runde |
| 11. | Eddie Irvine (Jaguar-Cosworth) | 1 Runde |
| 12. | Fernando Alonso (Minardi-European) | 2 Runden |
| 13. | Giancarlo Fisichella (Benetton-Renault) | 3 Runden |
| 14. | Jenson Button* (Benetton-Renault) | |

* trotz Ausfall (Auspuff) in Runde 53 gewertet, da über 90 Prozent des Rennens gefahren

## Ausfälle

| Runde | Fahrer | Ausfallgrund |
|---|---|---|
| 1 | Gaston Mazzacane (Prost-Acer) | Bremsen |
| 3 | Enrique Bernoldi (Arrows-AMT) | Unfall |
| 4 | Tarso Marques (Minardi-European) | Batterie |
| 5 | Ralf Schumacher (BMW-Williams) | Unfall |
| 5 | Jacques Villeneuve (BAR-Honda) | Unfall |
| 26 | Mika Häkkinen (McLaren-Mercedes) | Vorderrad |
| 39 | Jarno Trulli (Jordan-Honda) | Getriebe |
| 41 | Juan-Pablo Montoya (BMW-Williams) | Motor |

| Pole-Position | Schnellste Runde |
|---|---|
| M. Schumacher (Ferrari)<br>1:26,892 Minuten<br>219,707 km/h | M. Schumacher (Ferrari)<br>1:28,214 Minuten<br>216,414 km/h |

MELBOURNE, AUSTRALIEN
5,303 KILOMETER
58 RUNDEN



Der Kurs liegt im Stadtpark von Melbourne, dem Albert Park. Wie in Monte Carlo wird auf ganz normalen Stadtstraßen gefahren. Schlüsselstelle: Die drittletzte Kurve vor Start-Ziel. Extreme Bodenwellen, wenig Haftung. Hier flog Michael Schumacher 2001 im Training in die Reifenstapel.

# Grand Prix von Malaysia

## Technik: Windkanal. Riesige Turbinen, rollende Böden, richtig teuer und 23 Stunden am Tag in Betrieb

Die Zuschauer-Tribüne in Malaysia sieht so futuristisch aus, als stünde sie auf dem Mars. Das Dach ist dabei gefächert und der Windrichtung angepasst.

In der Formel 1 weht ein ganz anderer Wind, ein selbst gemachter: Denn alle Autos werden im Windkanal entwickelt!

Ohne eine dieser »Kathedralen des Windes« geht im modernen Rennsport gar nichts mehr. Ferrari hat in Maranello einen eigenen Windkanal, McLaren und Williams benutzen sogar deren zwei. Selbst Sauber baut derzeit einen Wind-Palast, der 2003 fertig sein soll. Kleinere Teams mieten sich einen – ohne kann man heute kein Auto mehr bauen.

23 Stunden am Tag ist der Ferrari-Windkanal in Betrieb. In drei Schichten tüfteln Ingenieure an der Aerodynamik der Renner.

Sieben Tage die Woche.

Mit riesigen Turbinen wird die Luft um, über und unter die Modelle im 1:2-Maßstab geleitet. So wird festgestellt, ob genügend Luft in die Kühler und die Airbox strömt. Ob die diversen Flügel ihre Arbeit optimal verrichten. Oder ob das Auto in verschiedenen Fahrsituation auf unterschiedlichen Strecken genügend Bodenhaftung hat. Dazu ist z.B. der Boden des Ferrari-Windkanals rollend, das heißt, er kann das Auto in Aktion auf den Strecken simulieren. So etwas hat natürlich seinen Preis. Allein Saubers neues Windkanal-Projekt verschlingt über 40 Millionen Euro.

**Der Windkanal von Sauber. Die weiße »Linie« ist der simulierte Fahrtwind**

### RENNERGEBNIS 2001

| Platz | Fahrer | Rückstand |
|---|---|---|
| 1. | **Michael Schumacher** (Ferrari) | **1:47:34,801** |
| 2. | Rubens Barrichello (Ferrari) | 23,660 Sek. |
| 3. | David Coulthard (McLaren-Mercedes) | 28,555 |
| 4. | Heinz-Harald Frentzen (Jordan-Honda) | 46,543 |
| 5. | Ralf Schumacher (BMW-Williams) | 48,233 |
| 6. | Mika Häkkinen (McLaren-Mercedes) | 48,606 |
| 7. | Jos Verstappen (Arrows-Asiatech) | 1:21,560 Min. |
| 8. | Jarno Trulli (Jordan-Honda) | 1 Runde |
| 9. | Jean Alesi (Prost-Acer) | 1 Runde |
| 10. | Luciano Burti (Jaguar-Cosworth) | 2 Runden |
| 11. | Jenson Button (Benetton-Renault) | 2 Runden |
| 12. | Gaston Mazzacane (Prost-Acer) | 3 Runden |
| 13. | Fernando Alonso (Minardi-European) | 4 Runden |
| 14. | Tarso Marques (Minardi-European) | 4 Runden |

### AUSFÄLLE

| Runde | Fahrer | Ausfallgrund |
|---|---|---|
| 0 | Kimi Räikkönen (Sauber) | Antriebswelle |
| 1 | Olivier Panis (BAR-Honda) | Unfall |
| 3 | Eddie Irvine (Jaguar) | Wasserkühler |
| 3 | Juan-Pablo Montoya (BMW-Williams) | Unfall |
| 3 | Enrique Bernoldi (Arrows-AMT) | Unfall |
| 3 | Nick Heidfeld (Sauber-Petronas) | Dreher |
| 3 | Jacques Villeneuve (BAR-Honda) | Unfall |
| 31 | Giancarlo Fisichella (Benetton-Renault) | Benzinpumpe |

| Pole-Position | Schnellste Runde |
|---|---|
| M. Schumacher (Ferrari)<br>1:35,220 Minuten<br>209,565 km/h | M. Häkkinen (McLaren-Mercedes)<br>1:40,962 Minuten<br>197,647 km/h |

Sepang, Malaysia
5,543 Kilometer
55 Runden

Die Strecke ist 16 bis 22 Meter breit – Rekord! Extrem auch: Die Start-Ziel-Gerade (wird mit über 300 km/h Spitze gefahren) ist 927 Meter lang. Schlüsselstelle: Kurve Nummer 4 (Langkawi). Hier kann man gut überholen. In Kurve 9 (Turn) werden ebenfalls immer wieder Angriffe gewagt.

# Grand Prix von Brasilien

## Technik: Fahrwerk. Auf der harten Buckelpiste wird »weich« gefahren, was immer noch weh tut



Wer mit Vollgas über Unebenheiten auf der Autobahn brettert, spürt, wie gut normale Autos gefedert sind – weil er fast gar nichts merkt.

In der Formel 1 ist das anders. Und speziell die Strecke in Brasilien mit ihren vielen Bodenwellen ist für Mensch und Material die Hölle!

»Bei manchen Stößen durch Bodenwellen könnten einem hier die Plomben aus den Zähnen fallen«, hat Eddie Irvine mal gesagt.

Dabei werden die Formel-1-Fahrwerke in São Paulo noch nicht einmal auf »hart« gestellt...

Das Fahrwerk, also Dämpfer, Federn und Stabilisatoren, trimmen die Teams in Brasilien auf weich. Das verbessert auf solchen Buckelpisten die Traktion. Die Räder sollen so möglichst lange und möglichst vollständig Fahrbahnkontakt haben, damit das Auto nicht jeder Unebenheit nachläuft.

Aus dem gleichen Grund werden auch die Reifendrücke um bis zu 0,13 Bar reduziert.

Das alles bedarf einer peinlich genauen Einstellarbeit im Millimeterbereich. »Ändert man die Bodenfreiheit auch nur um einen Millimeter in die falsche Richtung«, sagt Toyota-Konstrukteur Gustav Brunner, »dann ist die ganze Aerodynamik beim Teufel und man muss wieder ganz von vorne anfangen.«

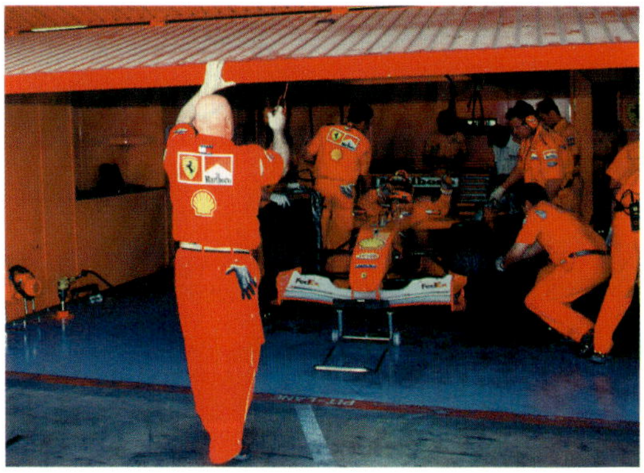

Aufgebockt und abgeschirmt. Ferrari ändert die Fahrwerkseinstellung hinter verschlossenen Toren

### Rennergebnis 2001

| | | |
|---|---|---|
| 1. | **Davis Coulthard** (McLaren-Mercedes) | **1:39:00,834** |
| **Platz** | **Fahrer** | **Rückstand** |
| 2. | Michael Schumacher (Ferrari) | 16,164 Sek. |
| 3. | Nick Heidfeld (Sauber-Petronas) | 1 Runde |
| 4. | Olivier Panis (BAR-Honda) | 1 Runde |
| 5. | Jarno Trulli (Jordan-Honda) | 1 Runde |
| 6. | Giancarlo Fisichella (Benetton-Renault) | 1 Runde |
| 7. | Jacques Villeneuve (BAR-Honda) | 1 Runde |
| 8. | Jean Alesi (Prost-Acer) | 1 Runde |
| 9. | Tarso Marques (Minardi-European) | 3 Runden |
| 10. | Jenson Button (Benetton-Renault) | 7 Runden |
| 11. | Heinz-Harald Frentzen (Jordan-Honda) | 8 Runden |

### Ausfälle

| Runde | Fahrer | Ausfallgrund |
|---|---|---|
| 0 | Mika Häkkinen (McLaren-Mercedes) | Kupplung |
| 2 | Rubens Barrichello (Ferrari) | Unfall |
| 15 | Enrique Bernoldi (Arrows-AMT) | Hydraulik |
| 25 | Fernando Alonso (Minardi-European) | Elektronik |
| 30 | Luciano Burti (Jaguar) | Motor |
| 37 | Jos Verstappen (Arrows-AMT) | Unfall |
| 38 | Juan-Pablo Montoya (BMW-Williams) | Unfall |
| 52 | Eddie Irvine (Jaguar) | Dreher |
| 54 | Ralf Schumacher (BMW-Williams) | Dreher |
| 54 | Gaston Mazzacane (Prost-Acer) | Motor |
| 55 | Kimi Räikkönen (Sauber-Petronas) | Dreher |

| Pole-Position | Schnellste Runde |
|---|---|
| M. Schumacher (Ferrari)<br>1:13,780 Minuten<br>210,525 km/h | R. Schumacher (BMW-Williams)<br>1:15,639 Minuten<br>204,938 km/h |

INTERLAGOS, BRASILIEN
4,309 KILOMETER
71 RUNDEN

Interlagos ist neben Imola der einzige Links-Kurs, das heißt, er wird entgegen dem Uhrzeigersinn gefahren. Schlüsselstelle: Die erste Kurve. Wer am Ende der Start-Ziel-Geraden (Spitzengeschwindigkeit: über 300 km/h) die Nase vorn hat, der gewinnt diese enge Kurve, ist vorbei.

# Grand Prix von San Marino

Technik: Motor. Klein, stark, flach – und dabei möglichst zuverlässig. Die gnadenlose Jagd auf mehr PS

Faszination Formel 1. Der heiße Kampf um Siege und WM-Punkte auf den Rennstrecken dieser Welt zieht uns in seinen Bann. Aber: Der erbarmungsloseste Wettbewerb der Formel 1 findet hinter fest verschlossenen Türen statt. Die jährliche Jagd nach mehr PS, streng geheim im Hochsicherheitstrakt! Nicht viele Motoreningenieure auf der Welt können einen guten Formel-1-Motor bauen, so wie er gerade in Imola gebraucht wird: Vollgas, Vollbremsung, Vollgas. Ein Dutzend vielleicht: Wie Mercedes-Motorenhexer Mario Illien oder sein BMW-Kollege Mario Theissen. Oder Paolo Martinelli von Ferrari.

Den Stein der Weisen hat keiner bisher gefunden. Jeder baut eigene Lösungen. Nur die Basis ist für alle gleich: Seit 1995 sind nur Zehnzylinder mit drei Litern Hubraum erlaubt. Früher gab´s Kompressor- oder Turbo-Triebwerke. Von 750 bis 4500 Kubikzentimetern. Das Ziel ist bei allen gleich: Der Motor muss möglichst leicht (Mercedes: knapp über 80 Kilo), klein und flach sein, damit der Schwerpunkt weit unten liegt. Und er soll so stark wie möglich sein (BMW: 880 PS), mit Drehzahlen von über 18 500 U/min. Aber ob das Zylinderwinkel-V mit 72, 90 oder 110 Grad geöffnet ist – bei aller erfinderischen Genialität muss eines auch gewährleistet sein: Der Motor muss laufen. Zumindest über eine Renndistanz von 300 km. Und damit hat der eine oder andere »PS-Künstler« manchmal seine Probleme...

**Der Renault-Motor ist mit einem Zylinderwinkel von über 100 Grad der flachste der Formel 1**

## RENNERGEBNIS 2001

| Platz | Fahrer | Rückstand |
|---|---|---|
| 1. | **Ralf Schumacher** (BMW-Williams) | **1:30:44,817** |
| 2. | David Coulthard (McLaren-Mercedes) | 4,352 Sek. |
| 3. | Rubens Barrichello (Ferrari) | 34,766 |
| 4. | Mika Häkkinen (McLaren-Mercedes) | 36,315 |
| 5. | Jarno Trulli (Jordan-Honda) | 1:25,558 Min. |
| 6. | Heinz-Harald Frentzen (Jordan-Honda) | 1 Runde |
| 7. | Nick Heidfeld (Sauber-Petronas) | 1 Runde |
| 8. | Olivier Panis (BAR-Honda) | 1 Runde |
| 9. | Jean Alesi (Prost-Acer) | 1 Runde |
| 10. | Enrique Bernoldi (Arrows-Asiatech) | 2 Runden |
| 11. | Luciano Burti (Jaguar-Cosworth) | 2 Runden |
| 12. | Jenson Button (Benetton-Renault) | 2 Runden |

## AUSFÄLLE

| Runde | Fahrer | Ausfallgrund |
|---|---|---|
| 6 | Fernando Alonso (Minardi-European) | Bremse/Unfall |
| 7 | Jos Verstappen (Arrows-Asiatech) | Auspuff/ Überhitzung |
| 18 | Kimi Räikkönen (Sauber-Petronas) | Lenkrad gebrochen/Unfall |
| 25 | Michael Schumacher (Ferrari) | Radaufhängung/ Aufgabe |
| 29 | Gaston Mazzacane (Prost-Acer) | Mechanik |
| 31 | Jacques Villeneuve (BAR-Honda) | Motor |
| 32 | Giancarlo Fisichella (Benetton-Renault) | Fehlzündungen |
| 43 | Eddie Irvine (Jaguar-Cosworth) | Motor |
| 49 | Juan-Pablo Montoya (BMW-Williams) | Kupplung |
| 51 | Tarso Marques (Minardi-European) | Benzinleitung |

| Pole-Position | Schnellste Runde |
|---|---|
| D. Coulthard (McLaren-Mercedes)<br>1:23,054 Minuten<br>213,822 km/h | R. Schumacher (BMW-Williams)<br>1:25,524 Minuten<br>207,646 km/h |

Imola, Italien
4,933 Kilometer
62 Runden

Im Autodromo Enzo und Dino Ferrari brüllen über 150 000 Tifosi hier ihre Roten nach vorne. Schlüsselstelle: Die Tamburello, gleich nach dem Start. Todeskurve von Ayrton Senna. Jetzt durch eine Schikane entschärft und unheimlich eng geworden. Crash-Gefahr am Start.

# Grand Prix von Spanien

## Technik: Traktionskontrolle. Es rüttelt und schüttelt und manchmal geht dabei auch ein ganzes Rennen kaputt

Vor einem Jahr erlaubte der Weltverband FIA ab Barcelona die Traktionskontrolle, die elektronisch gesteuert ein Durchdrehen der Räder verhindert. Die Formel 1 teilte sich in zwei Lager.

Die einen begrüßten, dass endlich die gegenseitigen Verdächtigungen, unerlaubte Fahrhilfen einzusetzen, beendet waren. Die anderen – vor allem die kleineren Teams – befürchteten, dass sie wegen geringerer Geldmittel mal wieder technisch gesehen den Kürzeren ziehen würden.

Es traf aber auch die Großen. Mika Häkkinen hatte im Silberpfeil in Spanien den Sieg schon vor Augen, als ihn eine defekte Getriebe-Dichtung aus dem Rennen warf. Was hat eine Dichtung mit der Traktionskontrolle zu tun?

Die computergesteuerte Fahrhilfe unterbricht beim Beschleunigen (bei Starts und aus Kurven) gezielt die Zündung. Auf die Antriebsräder wird so die brachiale PS-Gewalt dosiert. Sie drehen nicht durch, es wird optimal beschleunigt.

Aber: Das gesamte Auto wird von Vibrationen durchgerüttelt. Und so können sich Teile lockern oder verschleißen, die sonst eine Renndistanz problemlos überstehen!

Die Teams wissen heute um dieses Risiko. Bei den Tests vor Saisonstart 2002 gab es keine Probleme mehr.

Auch nicht bei den Kleinen...

Ein Bild aus der Vergangenheit. Beim Ferrari drehen die Räder durch, der Gummi raucht. Das verhindert jetzt die Traktionskontrolle

### RENNERGEBNIS 2001

| Platz | Fahrer | Rückstand |
|---|---|---|
| 1. | **Michael Schumacher** (Ferrari) | **1:31:03,305** |
| 2. | Juan-Pablo Montoya (BMW-Williams) | 40,738 Sek. |
| 3. | Jacques Villeneuve (BAR-Honda) | 49,626 |
| 4. | Jarno Trulli (Jordan-Honda) | 51,223 |
| 5. | David Coulthard (McLaren-Mercedes) | 51,616 |
| 6. | Nick Heidfeld (Sauber-Petronas) | 1:01,893 Min. |
| 7. | Olivier Panis (BAR-Honda) | 1:04,977 |
| 8. | Kimi Räikkönen (Sauber-Petronas) | 1:19,808 |
| 9. | Mika Häkkinen* (McLaren-Mercedes) | 1 Runde |
| 10. | Jean Alesi (Prost-Acer) | 1 Runde |
| 11. | Luciano Burti (Prost-Acer) | 1 Runde |
| 12. | Jos Verstappen (Arrows-Asiatech) | 2 Runden |
| 13. | Fernando Alonso (Minardi-European) | 2 Runden |
| 14. | Giancarlo Fisichella (Benetton-Renault) | 2 Runden |
| 15. | Jenson Button (Benetton-Renault) | 3 Runden |
| 16. | Tarso Marques (Minardi-European) | 3 Runden |

*noch gewertet, da mehr als 90 Prozent des Rennens absolviert

### AUSFÄLLE

| Runde | Fahrer | Ausfallgrund |
|---|---|---|
| 7 | Pedro de la Rosa (Jaguar-Cosworth) | Unfall |
| 7 | Heinz-Harald Frentzen (Jordan-Honda) | Unfall |
| 9 | Enrique Bernoldi (Arrows-Asiatech) | Benzindruck |
| 21 | Ralf Schumacher (BMW-Williams) | Dreher |
| 49 | Eddie Irvine (Jaguar-Cosworth) | Motor |
| 50 | Rubens Barrichello (Ferrari) | Radaufhängung |
| 65 | Mika Häkkinen (McLaren-Mercedes) | Kupplung |

| Pole-Position | Schnellste Runde |
|---|---|
| M. Schumacher (Ferrari)<br>1:18,201 Minuten<br>217,746 km/h | M. Schumacher (Ferrari)<br>1:21,151 Minuten<br>209,831 km/h |

Barcelona, Spanien
4,730 Kilometer
65 Runden

Der Circuit de Catalunya ist ein fahrerisch unspektakulärer Retorten-Kurs vor den Toren Barcelonas. Aber: Hier gewinnt nur das beste Auto mit der besten Aerodynamik. Schlüsselstelle: Die Repsol-Kurve, der beste Überholpunkt. Wer zuviel riskiert, rutscht schnell ins Kiesbett.

# Grand Prix von Österreich

## Taktik: Stallregie. Auch ein Barrichello muss Schumi mal überholen lassen, ob er will oder nicht

Das Thema Stallregie ist ungefähr so alt wie der Rennsport selbst. Wahrscheinlich haben sie damals bei den Wagenrennen im alten Rom auch schon klammheimliche Absprachen getroffen.

Aber – auch in diesem Punkt ist die Formel 1 zweigeteilt...

Energischer Gegner ist vor allem McLaren-Boss Ron Dennis. Er lässt seinen Piloten freie Bahn. Beispiel Spa 1999: Mika Häkkinen ist auf dem Weg zur WM gegen Eddie Irvine, weil Ferrari-Star Schumacher mit gebrochenem Bein pausiert. Nach dem Start macht ihm Coulthard keinen Platz, gewinnt – und der Finne ist stocksauer. Mit der WM hat's am Ende dann doch noch geklappt.

Anders Ferrari. Rennleiter Jean Todt weiß: Jedes Pünktchen kann für die WM »lebenswichtig« sein!

Und deshalb kam es in Österreich letztes Jahr so, wie es irgendwann auch mal kommen musste: Der führende Rubens Barrichello (Todt über Boxenfunk: »Lass Michael vorbei, es geht um die WM!«) muss Schumi zähneknirschend kurz vorm Ziel überholen lassen.

Trotz Kopfschütteln vieler sind die Regeln klar: Die FIA hat nichts gegen teaminterne Absprachen – solange kein anderer behindert wird.

Moralisch gesehen? Todt: »Wenn Michael dadurch die WM nicht geholt hätte, wäre das Geschrei viel größer gewesen.«

**Stinksauer.** Barichello (re.) musste Michael Schumacher in Österreich überholen lassen. Schumi will sich bedanken, Barichello bleibt stur

### Rennergebnis 2001

| Platz | Fahrer | Rückstand |
|---|---|---|
| 1. | **David Coulthard** (McLaren-Mercedes) | **1:27:45,927** |
| 2. | Michael Schumacher (Ferrari) | 2,191 Sek. |
| 3. | Rubens Barrichello (Ferrari) | 2,528 |
| 4. | Kimi Räikkönen (Sauber-Petronas) | 41,594 |
| 5. | Olivier Panis (BAR-Honda) | 53,776 |
| 6. | Jos Verstappen (Arrows-Asiatech) | 1 Runde |
| 7. | Eddie Irvine (Jaguar-Cosworth) | 1 Runde |
| 8. | Jacques Villeneuve (BAR-Honda) | 1 Runde |
| 9. | Nick Heidfeld (Sauber-Petronas) | 2 Runden |
| 10. | Jean Alesi (Prost-Acer) | 2 Runden |
| 11. | Luciano Burti (Prost-Acer) | 2 Runden |

### Ausfälle

| Runde | Fahrer | Ausfallgrund |
|---|---|---|
| 0 | Heinz-Harald Frentzen (Jordan-Honda) | Getriebe |
| 2 | Mika Häkkinen (McLaren-Mercedes) | techn. Probleme |
| 4 | Giancarlo Fisichella (Benetton-Renault) | Motor |
| 11 | Ralf Schumacher (BMW-Williams) | Bremsen |
| 18 | Enrique Bernoldi (Arrows-Asiatech) | Hydraulik |
| 26 | Tarso Marques (Minardi-European) | Getriebe |
| 39 | Fernando Alonso (Minardi-European) | Kupplung/Getriebe |
| 42 | Juan-Pablo Montoya (BMW-Williams) | Getriebe-Hydraulik |
| 49 | Pedro de la Rosa (Jaguar-Cosworth) | Antrieb |
| 61 | Jenson Button (Benetton-Renault) | Unfall |

Jarno Trulli, Jordan-Honda, disqualifiziert wg. Missachtens der roten Ampel an der Boxengassen-Ausfahrt

| Pole-Position | Schnellste Runde |
|---|---|
| M. Schumacher (Ferrari)<br>1:09,562 Minuten<br>223,880 km/h | D. Coulthard (McLaren-Mercedes)<br>1:10,843 Minuten<br>219,832 km/h |

Spielberg, Österreich
4,326 Kilometer
71 Runden

Der neu gebaute A1-Ring gilt als eine der sichersten Rennstrecken der Welt. 20 000 alte Reifen wurden rund um den Kurs gestapelt. Schlüsselstelle: Gösser-Kurve. Enger Knick, schwer anzubremsen – weil die Straße hier bergab führt. Guter Überholpunkt.

# Grand Prix von Monaco

## Technik: Startautomatik. Wenn der Fahrer waltet, aber der Computer nicht schaltet...

Bitte einsteigen. Gang rein, Knopf drücken, Vollgas – und ab geht die Post! Oder?

Starts in der Formel 1 werden seit fast einem Jahr mit einer »Automatik« gefahren. Heißt eigentlich im Klartext: Der Fahrer tritt nur noch aufs Gaspedal und betätigt den Startknopf am Lenkrad, wenn die roten Startampeln erlöschen. Den Rest erledigt dann der Computer.

So sollte es sein. Klingt auch kinderleicht. Ist aber viel leichter gesagt als getan, denn es spielen viele, zum Teil ganz andere Faktoren eine Rolle.

Erstens muss beim Auto-Start die Kupplung optimal greifen. Ist sie zu hart eingestellt, gibt's Probleme – sie lässt sich dann nicht dosieren. Zweitens die Reifen. Sie müssen den optimalen Grip bei der Beschleunigung haben. Und drittens muss die Traktionskontrolle grundsätzlich überhaupt mal mitspielen. Sie muss sofort mit den typischen Zündaussetzern (»Ratatatat«-Geräusch) durchdrehende Räder verhindern.

Sonst geht's einem wie David Coulthard letztes Jahr in Monte Carlo...

Als der Schotte im Silberpfeil den Startautomatik-Knopf drückte, bevor er die notwendige Motoren-Drehzahl hatte, schaltete der Computer den McLaren-Mercedes einfach ab.

Abmarsch in die letzte Startreihe! Von wegen alles so einfach...

Gelbe Flaggen signalisieren Gefahr: David Coulthard steht am Start. Seine neue Automatik hat versagt

### RENNERGEBNIS 2001

| 1. | **Michael Schumacher** (Ferrari) | **1:47:22,561** |
|---|---|---|
| **Platz** | **Fahrer** | **Rückstand** |
| 2. | Rubens Barrichello (Ferrari) | 0,431 Sek. |
| 3. | Eddie Irvine (Jaguar-Cosworth) | 30,698 |
| 4. | Jacques Villeneuve (BAR-Honda) | 32,454 |
| 5. | David Coulthard (McLaren-Mercedes) | 1 Runde |
| 6. | Jean Alesi (Prost-Acer) | 1 Runde |
| 7. | Jenson Button (Benetton-Renault) | 1 Runde |
| 8. | Jos Verstappen (Arrows-Asiatech) | 1 Runde |
| 9. | Enrique Bernoldi (Arrows-Asiatech) | 2 Runden |
| 10. | Kimi Räikkönen (Sauber-Petronas) | 5 Runden |

### AUSFÄLLE

| Runde | Fahrer | Ausfallgrund |
|---|---|---|
| 1 | Nick Heidfeld (Sauber-Petronas) | Unfall |
| 3 | Juan-Pablo Montoya (BMW-Williams) | Unfall |
| 13 | Olivier Panis (BAR-Honda) | Lenkung |
| 16 | Mika Häkkinen (McLaren-Mercedes) | Lenkung |
| 19 | Pedro de la Rosa (Jaguar-Cosworth) | Unfall |
| 25 | Luciano Burti (Prost-Acer) | Unfall |
| 31 | Jarno Trulli (Jordan-Honda) | Hydraulik/Feuer |
| 44 | Giancarlo Fisichella (Benetton-Renault) | Getriebe/Unfall |
| 50 | Heinz-Harald Frentzen (Jordan-Honda) | Unfall |
| 55 | Fernando Alonso (Minardi-European) | Getriebe |
| 57 | Tarso Marques (Minardi-European) | Traktionskontrolle |
| 58 | Ralf Schumacher (BMW-Williams) | Elektrik |

| Pole-Position | Schnellste Runde |
|---|---|
| D. Coulthard (McLaren-Mercedes)<br>1:17,430 Minuten<br>156,683 km/h | D. Coulthard (McLaren-Mercedes)<br>1:19,424 Minuten<br>152,749 km/h |

Monte Carlo, Monaco
3,370 Kilometer
78 Runden

Legendär. Mit fast 900 PS und etwa 280 km/h Spitze über Zebrastreifen, um Häuserecken und durch den berühmten Tunnel. Schlüsselstelle: Die erste Kurve, die Sainte Devote. Weil überholen in Monaco fast unmöglich ist, kommt alles auf den Start an.

# Grand Prix von Kanada

## Taktik: Tanken. Weniger ist oft mehr, weil jeder Liter Zeit kostet – eine schwierige Rechenaufgabe...

Mit zwölf Litern pro Sekunde schießt bleifreies Super-Plus-Benzin in den Tank des Rennwagens. Wie viel Liter insgesamt – das entscheidet der Rennchef an der Boxenmauer, wie zum Beispiel Ross Brawn bei Ferrari. Brawn kalkuliert dabei immer wieder Verbrauch, verbleibende Boxenstopps und Restkilometer durch.

Er könnte den formbaren Sicherheitstank aus Kunststoff randvoll machen lassen (je nach Formel-1-Fahrzeug zwischen 135 und 165 Litern Fassungsvermögen).

Aber: Jeder Liter bedeutet Gewicht und kostet damit Zeit, weshalb sich oft zwei Boxenstopps rechnen, obwohl eine Tankfüllung reichen würde.

Tanken ist in der Formel 1 die reine Taktik!

Wie viele Stopps? Mache ich vom Start weg den Tank so voll, dass mein Fahrer länger draußen bleiben kann? Lege ich einen Zusatz-Stopp ein, um auch gleich neue Reifen mitzunehmen? Rechnet sich das?

Letztes Jahr in Montreal hat die richtige Tank-Taktik das Rennen entschieden.

Weil Michael Schumacher fünf Runden vor seinem Bruder an die Box musste, konnte Ralf in der Zwischenzeit mit dem fast leeren und deshalb auch leichteren und schnelleren BMW-Williams richtig Speed machen – und ihn so beim Boxenstopp überholen. Ralf siegte.

Volles Rohr. Mit zwölf Litern pro Sekunde (normale Tankstelle 0,8 Liter) schießt der Sprit durch diesen Zapfstutzen

### RENNERGEBNIS 2001

| 1. | **Ralf Schumacher** (BMW-Williams) | **1:34:31,522** |
|---|---|---|
| **Platz** | **Fahrer** | **Rückstand** |
| 2 | Michael Schumacher (Ferrari) | 20,2 Sek. |
| 3. | Mika Häkkinen (McLaren-Mercedes) | 40,6 |
| 4. | Kimi Räikkönen (Sauber-Petronas) | 1:08,1 Min. |
| 5. | Jean Alesi (Prost-Ferrari) | 1:10,4 |
| 6. | Pedro de la Rosa (Jaguar) | 1 Runde |
| 7. | Ricardo Zonta (Jordan-Honda) | 1 Runde |
| 8. | Luciano Burti (Prost-Acer) | 1 Runde |
| 9. | Tarso Marques (Minardi-European) | 3 Runden |
| 10. | Jos Verstappen (Arrows-Asiatech) | 4 Runden |

### AUSFÄLLE

| Runde | Fahrer | Ausfallgrund |
|---|---|---|
| 1 | Giancarlo Fisichella (Benetton-Renault) | Unfall |
| 2 | Nick Heidfeld (Sauber-Petronas) | Unfall |
| 2 | Eddie Irvine (Jaguar-Cosworth) | Unfall |
| 8 | Fernando Alonso (Minardi-European) | Hydraulik |
| 18 | Jenson Button (Benetton-Renault) | Elektrik |
| 20 | Rubens Barrichello (Ferrari) | Unfall |
| 20 | Juan-Pablo Montoya (BMW-Williams) | Unfall |
| 25 | Enrique Bernoldi (Arrows-Asiatech) | Kühlung |
| 35 | Jacques Villeneuve (BAR-Honda) | Hydraulik |
| 43 | Olivier Panis (BAR-Honda) | Bremsen |
| 56 | David Coulthard (McLaren-Mercedes) | Motor |

| Pole-Position | Schnellste Runde |
|---|---|
| M. Schumacher (Ferrari)<br>1:15,782Minuten<br>210,018 km/h | R. Schumacher (BMW-Williams)<br>1:17,205 Minuten<br>289 km/h |

MONTREAL, KANADA
4,421 KILOMETER
69 RUNDEN

Die Strecke heißt »Gilles Villeneuve«, benannt nach dem berühmten Ferrari-Fahrer und Vater von BAR-Pilot Jacques. Ein Kurs für Kämpfer. Dreimal über Tempo 300 – eine Schlüsselstelle: Ende Start-Ziel. So oft wie hier wird in der Formel 1 nirgendwo anders überholt.

# Grand Prix von Europa

## Technik: Boxenstopp. Tanken und Reifenwechsel in 6,2 Sekunden. Der schnellste Service der Welt

Die Ferrari-Fans am Nürburgring trauten 1999 ihren Augen nicht: Irvine kam zum Reifenwechsel – und musste 28 Sekunden warten, weil das Team nur drei Räder parat hatte. Ferraris »Reifentrottel« waren geboren. Das ist Motorsportgeschichte. Denn die Ferrari-Crew gehört zweifellos zu besten Boxenstopp-Teams. Und so läuft ein »normaler« Wechsel – mit Stoppuhr:

0,2 Sekunden: Die Pressluftschrauber (»Luftpistolen«) werden auf die Radmuttern gesetzt, der Zentralverschluss gelöst. 1,0 Sekunden: Vorne und hinten wird der Wagen mit einem Sackkarren angehoben. 1,5 Sekunden: Der Einfüllstutzen sitzt auf dem Tankverschluss. Ein rotes Licht im Helmvisier zeigt dem Tankwart, dass Benzin fließt. 2,0 Sekunden: Schumi wird vorne das »Bremsen«-Schild gezeigt. 2,5 Sekunden: Die alten Reifen sind abgenommen. 3,5 Sekunden: Die neuen Räder sind aufgesteckt und auf der Nabe zentriert. 3,7 Sekunden: Die Pressluftschrauber haben die Muttern festgedreht. Jeder Reifenwechsler, der fertig ist, hebt seine Hand. 3,8 Sekunden: Der Ferrari wird auf den Boden heruntergelassen. 4,5 Sekunden: Schumi wird angezeigt, den 1. Gang einzulegen. 5.9 Sekunden: Die Visieranzeige des Tankwarts zeigt grünes Licht. Die gewünschte Spritmenge ist nachgefüllt. 6,0 Sekunden: Das »Lollipop«-Schild wird hochgezogen, Schumi gibt Gas. 6,2 Sekunden: Mit qualmenden Reifen schießt der Ferrari aus der »Tankstelle«.

**Rad ab! Irvine steht an der Box, der rechte Hinterreifen fehlt**

### Rennergebnis 2001

| Platz | Fahrer | Rückstand |
|---|---|---|
| 1. | **Michael Schumacher** (Ferrari) | **1:29:42,724** |
| 2. | Juan-Pablo Montoya (BMW-Williams) | 4,217 Sek. |
| 3. | David Coulthard (McLaren-Mercedes) | 24,993 |
| 4. | Ralf Schumacher (BMW-Williams) | 33,345 |
| 5. | Rubens Barrichello (Ferrari) | 45,495 |
| 6. | Mika Häkkinen (McLaren-Mercedes) | 1:04,868 Min. |
| 7. | Eddie Irvine (Jaguar-Cosworth) | 1:06,198 |
| 8. | Pedro de la Rosa (Jaguar-Cosworth) | 1 Runde |
| 9. | Jacques Villeneuve (BAR-Honda) | 1 Runde |
| 10. | Kimi Räikkönen (Sauber-Petronas) | 1 Runde |
| 11. | Giancarlo Fisichella (Benetton-Renault) | 1 Runde |
| 12. | Luciano Burti (Jaguar-Cosworth) | 2 Runden |
| 13. | Jenson Button (Benetton-Renault) | 2 Runden |
| 14. | Fernando Alonso (Minardi-European) | 2 Runden |
| 15. | Jean Alesi* (Prost-Acer) | 3 Runden |

* Noch gewertet, da 90 Prozent des Rennens absolviert

### Ausfälle

| Runde | Fahrer | Ausfallgrund |
|---|---|---|
| 8 | Tarso Marques (Minardi-European) | Elektronik |
| 24 | Olivier Panis (BAR-Honda) | Dreher |
| 30 | Enrique Bernoldi (Arrows-Asiatech) | Getriebe |
| 45 | Jarno Trulli (Jordan-Honda) | Öldruck/Getriebe |
| 49 | Heinz-Harald Frentzen (Jordan-Honda) | Dreher |
| 55 | Nick Heidfeld (Sauber-Petronas) | Antriebswelle |
| 59 | Jos Verstappen (Arrows-Asiatech) | Motor |
| 65 | Jean Alesi (Prost-Acer) | Unfall |

| Pole-Position | Schnellste Runde |
|---|---|
| M. Schumacher (Ferrari)<br>1:14,960 Minuten<br>218,804 km/h | J.-P. Montoya (BMW-Williams)<br>1:18,354 Minuten<br>209,326 km/h |

Nürburgring, Deutschland
4,556 Kilometer
67 Runden



Im Trockenen zählt auf dem Ring allein die Motorenleistung. Aber oft, ganz oft, regnet es in der Eifel. Dann fahren Spezialisten wie Michael Schumacher auf und davon. Schlüsselstelle: Das Castrol S. Ein Nadelöhr, da passt nur ein Auto durch. Was die Fahrer meist nicht begreifen wollen, weshalb es hier oft kracht.

# Grand Prix von Großbritannien

## Technik: Qualifikationsauto. Schnelle Leichtgewichte, die im Training nur zwölf Runden lang halten müssen

Überholen wird in der Formel 1 immer schwieriger. Gerade auf so schnellen Kursen wie Silverstone. Deshalb ist ein guter Platz in der Startaufstellung schon die halbe Miete – und die lassen sich die Teams viel Geld kosten...

Vor allem Jordan. Denn: Alle großen Teams bauen mittlerweile extra Qualifikationsautos. Nur für das Zeittraining. Mit Komponenten, die nur wenige Kilometer halten müssen. Aber Jordan war 2001 dafür das extremste Beispiel.

Kurzlebige Leichtgewichtteile senkten das Gesamtgewicht um bis zu 15 Kilogramm. Die konnten, gezielt an anderer Stelle eingesetzt – ein Formel-1-Auto muss inklusive Fahrer 600 Kilogramm wiegen –, die Straßenlage verbessern und so wertvolle Zeit bringen. Meist wanderten sie als Ballast zur Absenkung des Schwerpunkts in den Unterboden.

Bei der Konkurrenz betrug die Gewichtersparnis »nur« zwischen fünf und zehn Kilogramm.

Jordan operierte mit abgespeckten Getriebeinnereien, Radträgern, Querlenkern, Felgen und Kühlern. Der Kabelbaum war dünner, der Trainingstank kleiner.

Problem nur: Die beiden Jordan hielten im Rennen selten, was sie im Training versprachen.

Leichter, schneller – aber nur begrenzt haltbar: das Qualifikationsauto von Jordan

### RENNERGEBNIS 2001

| | | |
|---|---|---|
| 1. | **Mika Häkkinen** (McLaren-Mercedes) | **1:25:33,770** |
| **Platz** | **Fahrer** | **Rückstand** |
| 2. | Michael Schumacher (Ferrari) | 33,646 Sek. |
| 3. | Rubens Barrichello (Ferrari) | 59,280 |
| 4. | Juan-Pablo Montoya (BMW-Williams) | 1:08,772 Min. |
| 5. | Kimi Räikkönen (Sauber-Petronas) | 1 Runde |
| 6. | Nick Heidfeld (Sauber-Petronas) | 1 Runde |
| 7. | Heinz-Harald Frentzen (Jordan-Honda) | 1 Runde |
| 8. | Jacques Villeneuve (BAR-Honda) | 1 Runde |
| 9. | Eddie Irvine (Jaguar-Cosworth) | 1 Runde |
| 10. | Jos Verstappen (Arrows-Asiatech) | 2 Runden |
| 11. | Jean Alesi (Prost-Acer) | 2 Runden |
| 12. | Pedro de la Rosa (Jaguar-Cosworth) | 2 Runden |
| 13. | Giancarlo Fisichella (Benetton-Renault) | 2 Runden |
| 14. | Enrique Bernoldi (Arrows-Asiatech) | 2 Runden |
| 15. | Jenson Button (Benetton-Renault) | 2 Runden |
| 16. | Fernando Alonso (Minardi-European) | 3 Runden |

nicht gestartet: Tarso Marques (Minardi-European)
(Zeitlimit in der Qualifikation überschritten)

### AUSFÄLLE

| Runde | Fahrer | Ausfallgrund |
|---|---|---|
| 1 | Olivier Panis (BAR-Honda) | Unfall |
| 1 | Jarno Trulli (Jordan-Honda) | Unfall |
| 3 | David Coulthard (McLaren-Mercedes) | Unfallfolge |
| 7 | Luciano Burti (Prost-Acer) | Motor |
| 37 | Ralf Schumacher (BMW-Williams) | Motor |

| Pole-Position | Schnellste Runde |
|---|---|
| M. Schumacher (Ferrari)<br>1:20,447 Minuten<br>230,059 km/h | M. Häkkinen (McLaren-Mercedes)<br>1:23,405 Minuten<br>221,900 km/h |

Silverstone, England
5,141 Kilometer
60 Runden



Die älteste Formel-1-Strecke der Welt. Hier wurde 1950 der erste Grand Prix überhaupt gefahren. Schlüsselstelle: das Becketts-Geschlängel. Links, rechts – alles mit Vollgas. Dann die eigentliche Becketts-Linkskurve, in die reingebremst wird. Vorsicht vor den Randsteinen ist angesagt.

# Grand Prix von Frankreich

**Technik: Reifen. Bei jedem Rennen die Qual der Wahl. Je weicher, desto schneller – aber genauso schnell kaputt**

Der stärkste Motor, das beste Chassis – all das nutzt selbst einem Schumacher nichts, wenn er die Kraft nicht auf die Strecke bringen kann...

Deshalb entscheiden oftmals die richtigen Reifen über Sieg und Niederlage!

Zwei Hersteller, Bridgestone und Michelin, beliefern die Formel 1. Und den Höhepunkt dieses »Reifenkrieges« erleben wir jedes Jahr in Magny Cours. Grund: Im Hochsommer kocht dort oft der Asphalt, so heiß ist es.

Eine Grundregel lautet: Je weicher die verwendete Gummimischung, desto besser die Haftung, desto schneller die Rundenzeiten – aber umso höher auch der Verschleiß. Und mit Reifen, deren Oberfläche Blasen wirft, geht gar nix mehr.

Wie so oft in der Formel 1, wird auch hier ein Kompromiss gesucht.

Dabei setzen die beiden Hersteller auf unterschiedliche Philosophien. Bridgestone (u.a. Ferrari) wählte 2001 zunächst weichere Komponenten, die von Anfang an gut hafteten, sich aber schneller abnutzten. Michelin (BMW-Williams und jetzt auch McLaren-Mercedes) setzte dagegen auf härtere Mischungen.

Michelin-Pneus brauchten so zwar eine längere Aufwärmzeit nach Start und Boxenstopp, hielten dafür aber sehr lange. Vor allem bei heißen Temperaturen wie in Magny-Cours ein Vorteil.

**Drei verschiedene Reifentypen: im Vordergrund Regen, dahinter Intermediates und Trockenwalzen mit Rillen**

## RENNERGEBNIS 2001

| 1. | **Michael Schumacher** (Ferrari) | **1.33:35,636** |
|---|---|---|
| **Platz** | **Fahrer** | **Rückstand** |
| 2. | Ralf Schumacher (BMW-Williams) | 10,399 Sek. |
| 3. | Rubens Barrichello (Ferrari) | 16,381 |
| 4. | David Coulthard (McLaren-Mercedes) | 17,106 |
| 5. | Jarno Trulli (Jordan-Honda) | 1:08,285 Min. |
| 6. | Nick Heidfeld (Sauber-Petronas) | 1 Runde |
| 7. | Kimi Räikkönen (Sauber-Petronas) | 1 Runde |
| 8. | Heinz-Harald Frentzen (Jordan-Honda) | 1 Runde |
| 9. | Oliver Panis (BAR-Honda) | 1 Runde |
| 10. | Luciano Burti (Prost-Acer) | 1 Runde |
| 11. | Giancarlo Fisichella (Benetton-Renault) | 2 Runden |
| 12. | Jean Alesi (Prost-Acer) | 2 Runden |
| 13. | Jos Verstappen (Arrows-Asiatech) | 2 Runden |
| 14. | Pedro de la Rosa (Jaguar) | 2 Runden |
| 15. | Tarso Marques (Minardi-European) | 2 Runden |

## AUSFÄLLE

| Runde | Fahrer | Ausfallgrund |
|---|---|---|
| 0 | Mika Häkkinen (McLaren-Mercedes) | Elektronik |
| 6 | Villeneuve (BAR-Honda) | Getriebe |
| 18 | Enrique Bernoldi (Arrows-Asiatech) | Motor |
| 53 | Juan-Pablo Montoya (BMW-Williams) | Elektronik |
| 55 | Eddie Irvine (Jaguar-Cosworth) | Getriebe |
| 66 | Fernando Alonso (Minardi-European) | Unfall |
| 69 | Jenson Button (Benetton-Renault) | Unfall |

| Pole-Position | Schnellste Runde |
|---|---|
| R. Schumacher (BMW-Williams)<br>1:12,989 Minuten<br>209,669 km/h | D. Coulthard (McLaren-Mercedes)<br>1:16,088 Minuten<br>201,130 km/h |

Magny-Cours, Frankreich
4,251 Kilometer
72 Runden



Eine Retortenstrecke mit zwei Zitterpunkten. Hier droht höchste Unfallgefahr. Schlüsselstelle Nr. 1: Estoril, die Kurve nach dem Start. Ein schneller (200 km/h) und schwieriger Rechtsbogen. Schlüsselstelle Nr. 2: Die »Schrott-Schikane« vor dem Ziel. Rechts, links, bergab.

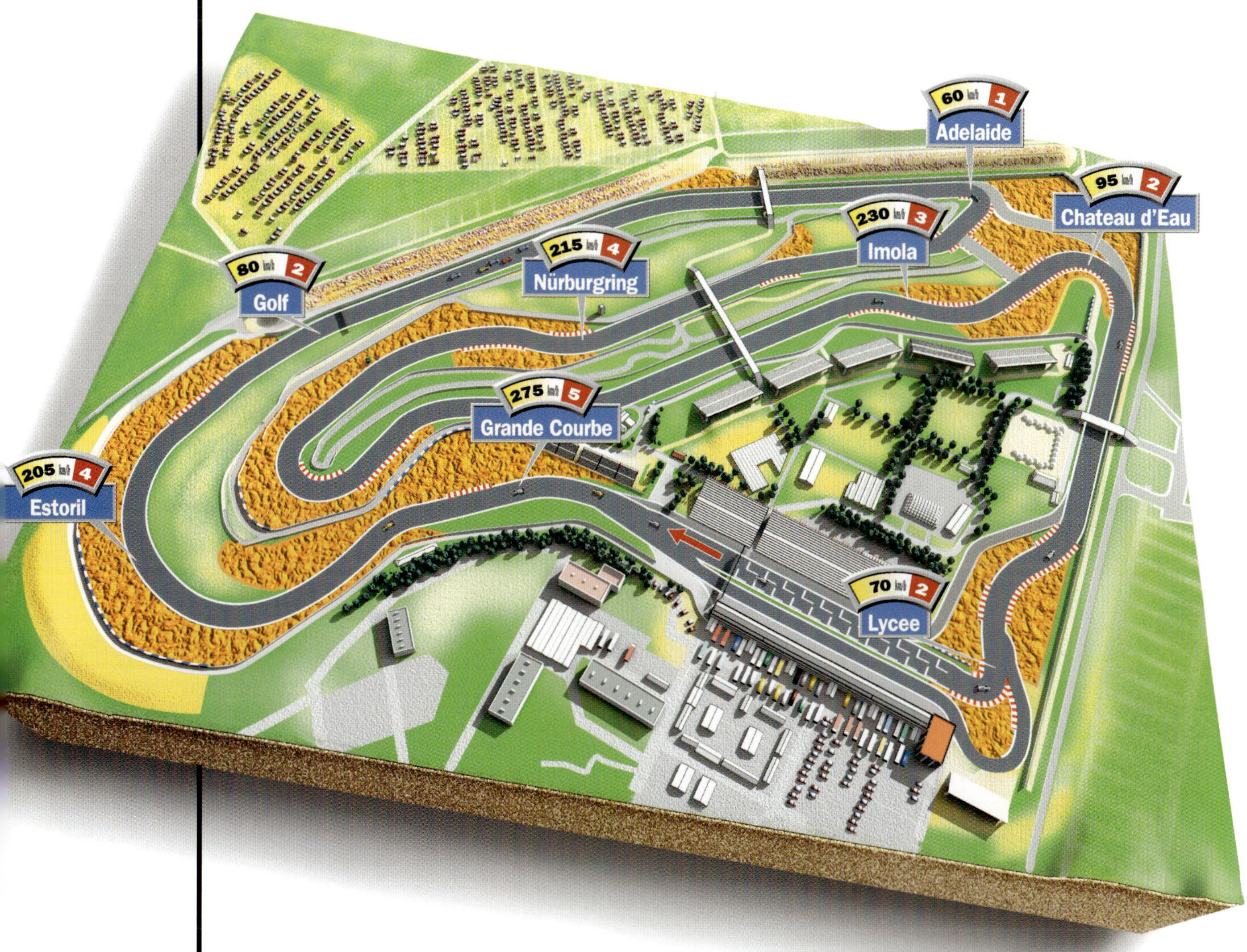

# Grand Prix von Deutschland

## Regel: Safety Car. Das einzige Auto, das nie überholt werden darf und immer ganz vorne fährt

Hockenheim, vor zwei Jahren: Ein Fußgänger überquert im Wald die Fahrbahn. Ein Ex-Angestellter von Mercedes protestierte damit gegen seine Entlassung.

Rennleiter Charly Whiting war sofort klar, dass diese Situation lebensgefährlich ist. Er schickt das Safety Car raus. Und das ist alleine seine Entscheidung! Grundsätzlich kommt das Safety Car immer dann zum Einsatz, wenn ein Rennabbruch nicht notwendig ist.

Der »Formel-1-Polizist«, am Steuer sitzt der Deutsche Bernd Mayländer, regelt den Verkehr in gefährlichen Situationen. Meist nach Karambolagen. Das Feld muss vorsichtig an der Unfallstelle vorbeigeführt werden.

Das Auto, ein AMG-Mercedes, steht während des Rennes mit laufendem Motor in der Boxengasse. Der Motor ist deshalb schon an, weil der Wagen mit der gleichen Elektronik (Monitore, Computer etc.), wie sie auch der Rennleitung zur Verfügung steht, vollgestopft ist. Diese Systeme brauchen Strom.

Überholen ist hinter dem Safety Car streng verboten. Auch das Auto selbst darf keinesfalls überholt werden.

Trödeln kann Fahrer Mayländer trotzdem nicht: Er fährt fast immer weit über 200 km/h – damit die Reifen der nachfolgenden Formel-1-Rennwagen nicht zu sehr abkühlen.

Runter vom Gas und hinten anstellen. Das Safety Car erzwingt eine vorübergehende Verkehrsberuhigung

### RENNERGEBNIS 2001

| 1. | **Ralf Schumacher** (BMW-Williams) | **1:18:17,873** |
|---|---|---|
| **Platz** | **Fahrer** | **Rückstand** |
| 2. | Rubens Barrichello (Ferrari) | 46,117 Sek. |
| 3. | Jacques Villeneuve (BAR-Honda) | 1:02,806 Min. |
| 4. | Giancarlo Fisichella (Benetton-Renault) | 1:03,477 |
| 5. | Jenson Button (Benetton-Renault) | 1:05,454 |
| 6. | Jean Alesi (Prost-Acer) | 1:05,950 |
| 7. | Olivier Panis (BAR-Honda) | 1:17,527 |
| 8. | Enrique Bernoldi (Arrows-Asiatech) | 1 Runde |
| 9. | Jos Verstappen (Arrows-Asiatech) | 1 Runde |
| 10. | Fernando Alonso (Minardi-European) | 1 Runde |

### AUSFÄLLE

| Runde | Fahrer | Ausfallgrund |
|---|---|---|
| 1 | Pedro de la Rosa (Jaguar-Cosworth) | Unfall |
| 1 | Nick Heidfeld (Sauber-Petronas) | Unfall |
| 8 | Ricardo Zonta (Jordan-Honda) | Unfallfolge |
| 14 | Mika Häkkinen (McLaren-Mercedes) | Motor |
| 16 | Eddie Irvine (Jaguar-Cosworth) | Zündung |
| 16 | Kimi Raikkönen (Sauber-Petronas) | Antriebswelle |
| 23 | Luciano Burti (Prost-Acer) | Unfall |
| 24 | Michael Schumacher (Ferrari) | Benzinpumpe |
| 25 | Juan-Pablo Montoya (BMW-Williams) | Motor |
| 26 | Tarso Marques (Minardi-European) | Elektronik |
| 28 | David Coulthard (McLaren-Mercedes) | Motor |
| 35 | Jarno Trulli (Jordan-Honda) | Hydraulik-Pumpe |

| Pole-Position | Schnellste Runde |
|---|---|
| J.-P. Montoya (BMW-Williams)<br>1:38,117 Minuten<br>250,415 km/h | J.-P. Montoya (BMW-Williams)<br>1:41,808 Minuten<br>241,336 km/h |

Hockenheim, Deutschland
6,825 Kilometer
45 Runden



Der Hockenheimring – unsere Grafik zeigt den bisherigen Kurs – wird gerade umgebaut. Laut Veranstalter sollen die Bauarbeiten bis zum Formel-1-Rennen beendet sein. Man kürzt die langen Waldgeraden. Neue, geplante Streckenlänge: 4,489 Kilometer.

# Grand Prix von Ungarn

## Technik: Getriebe. Wunderwerke der Technik. Schalten, viel schneller als ein Wimpernschlag

Am engen, kurvenreichen Hitzekessel des Hungarorings muss extrem oft geschaltet werden und der Fahrer im Cockpit hart arbeiten. Budapest fordert Mensch und Maschine bis aufs Äußerste.

Vor allem für die Getriebe, die wegen der mehr als doppelt so häufigen Schaltvorgänge hier laut knacken, sind solche Bedingungen mörderisch.

Dabei sind Formel-1-Getriebe kleine Wunderwerke der Technik...

Ferrari baute für 2002 ein neues Teil, das in Fabelzeiten rauf und runter schalten kann. Weniger als 20 Millisekunden (!) braucht dieses Getriebe für einen kompletten Schaltvorgang. Weniger als ein Wimpernschlag also für sieben Gänge rauf und runter. Irre. Und das auch noch ohne Kupplung. Sie wird nur noch beim Start benötigt.

Außer mit dem Zahnrad-Innenleben der Wunderwerke experimentiert die Formel 1 vor allem auch mit den Gehäuse-Materialien.

Einige Teams setzen noch auf klassischen Aluminiumguss. Andere auf Karbon oder Magnesium. Ferrari baut aus teuerem Titan (hart und leicht). Titan erlaubt Wandstärken von nur mehr weniger als 2,5 Millimetern.

Bei der ständigen Suche nach Gewichtsersparnis ein unschätzbarer Vorteil: Das komplette Ferrari-Getriebe wiegt mittlerweile locker unter 40 Kilogramm.

**Das Lenkrad von Ralf Schumacher. Mit Wippen hinter den Querverstrebungen schaltet er rauf und runter – ohne zu kuppeln**

### RENNERGEBNIS 2001

| Platz | Fahrer | Rückstand |
|---|---|---|
| 1. | **Michael Schumacher** (Ferrari) | **1:41:49,675** |
| 2. | Rubens Barrichello (Ferrari) | 3,363 Sek. |
| 3. | David Coulthard (McLaren-Mercedes) | 3,940 |
| 4. | Ralf Schumacher (BMW-Williams) | 49,687 |
| 5. | Mika Häkkinen (McLaren-Mercedes) | 1:10,253 Min. |
| 6. | Nick Heidfeld (Sauber-Petronas) | 1 Runde |
| 7. | Kimi Räikkönen (Sauber-Petronas) | 1 Runde |
| 8. | Juan-Pablo Montoya (BMW-Williams) | 1 Runde |
| 9. | Jacques Villeneuve (BAR-Honda) | 2 Runden |
| 10. | Jean Alesi (Jordan-Honda) | 2 Runden |
| 11. | Pedro de la Rosa (Jaguar-Cosworth) | 2 Runden |
| 12. | Jos Verstappen (Arrows-Asiatech) | 3 Runden |

### AUSFÄLLE

| Runde | Fahrer | Ausfallgrund |
|---|---|---|
| 1 | Eddie Irvine (Jaguar-Cosworth) | Unfall |
| 9 | Luciano Burti (Prost-Acer) | Dreher |
| 12 | Enrique Bernoldi (Arrows-Asiatech) | Dreher |
| 35 | Jenson Button (Benetton-Renault) | Dreher |
| 38 | Fernando Alonso (Minardi-European) | Dreher |
| 54 | Jarno Trulli (Jordan-Honda) | Hydraulik |
| 58 | Olivier Panis (BAR-Honda) | Elektronik |
| 64 | Tarso Marques (Minardi-European) | Öldruck |
| 64 | Heinz-Harald Frentzen (Prost-Acer) | Dreher |
| 68 | Giancarlo Fisichella (Benetton-Renault) | Motor |

| Pole-Position | Schnellste Runde |
|---|---|
| M. Schumacher (Ferrari)<br>1:14,059 Minuten<br>193,224 km/h | M. Häkkinen (McLaren-Mercedes)<br>1:16,723 Minuten<br>186,515 km/h |

Budapest, Ungarn
3,975 Kilometer
77 Runden

Der Hungaroring gilt in Fahrerkreisen wegen seiner vielen Kurven als »Mickymaus-Kurs«. Wichtig ist hier vor allem die Bodenhaftung, weshalb alle Teams mit extrem steiler Flügeleinstellung fahren. Schlüsselstelle: keine. Der Kampf um die besten Startplätze ist vorentscheidend.

# Grand Prix von Belgien

**Regeln: Startprozedur. Wer zu spät dran ist, den bestraft der Rennleiter. Alles ist minutiös geregelt...**

So gut wie 2001 in Spa hat Ralf Schumacher nie einen Formel-1-Start gesehen: Er saß in seinem BMW-Williams, die Räder in der Luft, das Auto aufgebockt und damit leicht erhöht – während das ganze Feld an ihm vorbeiraste...

Es war der »Bock« des Jahres. Ralfs Mechaniker wollten den Heckflügel wechseln, hörten aber das Fünf-Minuten-Warnsignal nicht. Plötzlich mussten sie runter von der Startaufstellung und Ralf in der Luft hängen lassen. Warum? Weil die Startprozedur minutiös im Regelwerk verankert ist. Wer dagegen verstößt, riskiert eine Zeitstrafe.

Und so ist der Ablauf...

30 Minuten vor Start: Autos dürfen aus der Box fahren. – 15 Minuten: Boxengasse geschlossen. Wer nicht raus ist, muss von hinten aus der Boxengasse starten. – Zehn Minuten: Warnsignal. Alle, außer den Teammitgliedern, müssen die Startaufstellung (»Grid«) verlassen. Sämtliche Promis, TV-Leute und Gäste. – Fünf Minuten: Warnsignal: Reifen müssen montiert sein. – Eine Minute: Warnsignal. Die Motoren werden gestartet, auch die Mechaniker müssen jetzt vom Asphalt – bis spätestens zum 15-Sekunden-Signal. – Noch 15 Sekunden: Letzte Warnung. Keiner darf mehr bei den Autos stehen. Hat ein Fahrer ein Problem, muss er die Hand heben. Start würde abgebrochen werden.

Grünes Licht: Start frei für die Formationsrunde.

**Alles fährt, nur einer steht: Der BMW-Williams von Ralf Schumacher ist noch aufgebockt**

### Rennergebnis 2001

| 1. | **Michael Schumacher** (Ferrari) | **1:08:05,002** |
|---|---|---|
| **Platz** | **Fahrer** | **Rückstand** |
| 2. | David Coulthard (McLaren-Mercedes) | 10,098 Sek. |
| 3. | Giancarlo Fisichella (Benetton-Renault) | 27,742 |
| 4. | Mika Häkkinen (McLaren-Mercedes) | 36,087 |
| 5. | Rubens Barrichello (Ferrari) | 54,521 |
| 6. | Jean Alesi (Jordan-Honda) | 59,684 |
| 7. | Ralf Schumacher (BMW-Williams) | 59,986 |
| 8. | Jacques Villeneuve (BAR-Honda) | 1:04,970 Min. |
| 9. | Heinz-Harald Frentzen (Prost-Acer) | 1 Runde |
| 10. | Jos Verstappen (Arrows-Asiatech) | 1 Runde |
| 11. | Olivier Panis (BAR-Honda) | 1 Runde |
| 12. | Enrique Bernoldi (Arrows-Asiatech) | 1 Runde |
| 13. | Tarso Marques (Minardi-European) | 4 Runden |

### Ausfälle

| Runde | Fahrer | Ausfallgrund |
|---|---|---|
| 3 | Fernando Alonso (Minardi-European) | Getriebe |
| 4 | Luciano Burti (Prost-Acer) | Unfall |
| 4 | Eddie Irvine (Jaguar-Cosworth) | Unfall |
| 1 | Nick Heidfeld (Sauber-Petronas) | Unfall nach Neustart |
| 1 | Kimi Räikkönen (Sauber-Petronas) | Antrieb |
| 2 | Pedro de la Rosa (Jaguar-Cosworth) | Unfallfolge |
| 2 | Juan-Pablo Montoya (BMW-Williams) | Motor |
| 18 | Jenson Button (Benetton-Renault) | Unfall |
| 32 | Jarno Trulli (Jordan-Honda) | Motor |

| Pole-Position | Schnellste Runde |
|---|---|
| J.-P. Montoya (Williams-BMW)<br>1:52,072 Minuten<br>223,827 km/h | M. Schumacher (Ferrari)<br>1:49,758 Minuten<br>228,546 km/h |

Spa-Francorchamps, Belgien
6,968 Kilometer
36 Runden

Die schwierigste Strecke der Formel 1. 1998 größter Startunfall der Geschichte: 13 Autos Schrott. Schlüsselstelle: die berühmte Eau-Rouge-Kurve. Erst geht es durch eine Senke und dann mit Vollgas und 280 km/h den Berg hoch. Irre.

# Grand Prix Italien

Motto: Vollgas. Schnellste Runde des Jahres. Wenn Formel-1-Motoren am Anschlag drehen...

Frühmorgens ist es im Königlichen Wald von Monza noch ruhig. Aber wenn die Formel 1 ihre Garagentore hochklappt, die Rennwagen mit röhrendem Geräusch auf den Hochgeschwindigkeits-Kurs biegen - dann brüllen Motoren und Fans nur noch eines: VOLLGAS!

Die norditalienische Strecke ist der schnellste aktuelle Kurs der Formel 1. Juan-Pablo Montoya fuhr bei seinem Sieg im Williams-BMW letztes Jahr 239,103 km/h im Schnitt – es war das viertschnellste Rennen der Formel-1-Geschichte! Seine Pole-Position holte der Kolumbianer sogar mit 253,658 km/h im Durchschnitt.

Den Höchstgeschwindigkeits-Rekord hält Jean Alesi im Jordan-Honda – mit 363,2 km/h Top-Speed auf den Geraden.

Monza ist Top-Speed pur.

Nirgendwo anders lassen es die Piloten so fliegen wie hier. Aber auch nirgendwo können sie so gefährlich abfliegen. Schumi im Ferrari beispielweise. Bei Tests war er von der Strecke abgekommen. Sein Rennwagen krachte erst seitlich, dann frontal in eine Leitplanke. Die Aufprallenergie wurde von der Telemetrie mit 45 bzw. 32 g gemessen. Das ist das für Sekundenbruchteile das 45- bzw. 32fache des Eigengewichts.

Geschwindigkeit pur. Fast zu schnell für das menschliche Auge

## RENNERGEBNIS 2001

| 1. | **Juan-Pablo Montoya** (BMW-Williams) | **1:16:58,493** |
|---|---|---|
| **Platz** | **Fahrer** | **Rückstand** |
| 2. | Rubens Barrichello (Ferrari) | 5,175 Sek. |
| 3. | Ralf Schumacher (BMW-Williams) | 17,335 |
| 4. | Michael Schumacher (Ferrari) | 24,991 |
| 5. | Pedro de la Rosa (Jaguar-Cosworth) | 1:14,984 Min. |
| 6. | Jacques Villeneuve (BAR-Honda) | 1:22,469 |
| 7. | Kimi Räikkönen (Sauber-Petronas) | 1:23,107 |
| 8. | Jean Alesi (Jordan-Honda) | 1 Runde |
| 9. | Olivier Panis (BAR-Honda) | 1 Runde |
| 10. | Giancarlo Fisichella (Benetton-Renault) | 1 Runde |
| 11. | Nick Heidfeld (Sauber-Petronas) | 1 Runde |
| 12. | Tomas Enge (Prost-Acer) | 1 Runde |
| 13. | Fernando Alonso (Minardi-European) | 2 Runden |

## AUSFÄLLE

| Runde | Fahrer | Ausfallgrund |
|---|---|---|
| 1 | Jarno Trulli (Jordan-Honda) | Unfall |
| 5 | Jenson Button (Benetton-Renault) | Motor |
| 7 | David Coulthard (McLaren-Mercedes) | Motor |
| 15 | Eddie Irvine (Jaguar Cosworth) | Motor |
| 20 | Mika Häkkinen (McLaren-Mercedes) | Getriebe |
| 26 | Jost Verstappen (Arrows-Asiatech) | Elektrik |
| 29 | Heinz-Harald Frentzen (Prost-Acer) | Getriebe |
| 45 | Alex Yoong (Minardi-European) | Unfall |
| 47 | Enrique Bernoldi (Arrows-Asiatech) | Bremsen |

| Pole-Position | Schnellste Runde |
|---|---|
| J.-P. Montoya (BMW-Williams)<br>1:22,216 Minuten<br>253,658 km/h | R. Schumacher (BMW-Williams)<br>1:25,073 Minuten<br>245,140 km/h |

MONZA, ITALIEN
5,793 KILOMETER
53 RUNDEN

Schnellster Kurs der Formel 1. Rundendurchschnitt: knapp 240 km/h. Schlüsselstelle: die Variante Ascari. Nur wer schamlos über die Randsteine abkürzt, ist hier auch richtig schnell. Wer aber auf den rutschigen Rändern die Haftung verliert, landet genauso schnell im Kies.

# Grand Prix USA

## Taktik: Rennstrategie. Die Berechnung des Idealfalles. Wer mit welchen Reifen wann tankt, um dann vorne zu sein



Für die Formel 1 ist Indianapolis eine eigenartige Strecke. Sie hat die längste Gerade der Formel 1, die durch einen Teil des legendären Ovals führt – mit 23 Sekunden Vollgas total. Besitzt aber auch einen total verwinkelten Teil, mit Kurven eng wie Ecken.

Hier gewinnt immer auch der beste Stratege am Kommandostand. 2001 war es McLaren-Mercedes mit Mika Häkkinen. In einem für die Boxenstrategie beispielhaften Rennen...

Mercedes setzte auf eine weiche Reifenmischung, Ferrari auf eine harte. Rubens Barrichello sollte zweimal tanken, was bei seinem fünften Startplatz über 73 Runden theoretisch acht Sekunden schneller gewesen wäre. Aber Ferrari verzockt sich wieder: Barrichellos 12,5 Sekunden Vorsprung vor seinem ersten Boxenstopp reichen nicht für Häkkinen, der mit den besseren Reifen eine ganz andere Taktik fährt.

Der Finne schont anfangs die Reifen und spart Benzin. Mercedes hat den Motor auf die magerste Stufe eingestellt. So kann Häkkinen auch viel später als Michael Schumacher tanken – der hat zwar die gleiche Tank-Taktik, aber zu viel Sprit verbraucht. Und falsche Pneus.

Am Ende lag Häkkinen über elf Sekunden vorne. Schumi konnte sich nicht mal wehren. Alles nur wegen der falschen Taktik. Und obwohl er als Erster und Mika als Vierter gestartet war.

**Die Ferrari-Kommandozentrale an der Boxenmauer. Von hier aus erhalten die Fahrer ihre Befehle**

### RENNERGEBNIS 2001

| | | |
|---|---|---|
| **1.** | **Mika Häkkinen** (McLaren-Mercedes) | **1:32:42,840** |
| **Platz** | **Fahrer** | **Rückstand** |
| 2. | Michael Schumacher (Ferrari) | 11,046 Sek. |
| 3. | David Coulthard (McLaren-Mercedes) | 12,043 |
| 4. | Jarno Trulli (Jordan-Honda) | 57,423 |
| 5. | Eddie Irvine (Jaguar-Cosworth) | 1:12,434 Min. |
| 6. | Nick Heidfeld (Sauber-Petronas) | 1:12,996 |
| 7. | Jean Alesi (Jordan-Honda) | 1 Runde |
| 8. | Giancarlo Fisichella (Benetton-Renault) | 1 Runde |
| 9. | Jenson Button (Benetton-Renault) | 1 Runde |
| 10. | Heinz-Harald Frentzen (Prost-Acer) | 1 Runde |
| 11. | Olivier Panis (BAR-Honda) | 1 Runde |
| 12. | Pedro de la Rosa (Jaguar-Cosworth) | 1 Runde |
| 13. | Enrique Bernoldi (Arrows-Asiatech) | 1 Runde |
| 14. | Tomas Enge (Prost-Acer) | 1 Runde |
| 15. | Rubens Barrichello* (Ferrari) | |

*Ausgefallen, aber noch gewertet, da 90 Prozent des Rennens gefahren

### AUSFÄLLE

| Runde | Fahrer | Ausfallgrund |
|---|---|---|
| 2 | Kimi Räikkönen (Sauber-Petronas) | Unfall |
| 36 | Fernando Alonso (Minardi-European) | Dreher |
| 36 | Ralf Schumacher (BMW-Williams) | Dreher |
| 38 | Alex Yoong (Minardi-European) | Getriebe |
| 38 | Juan-Pablo Montoya (BMW-Williams) | Hydraulik |
| 44 | Jos Verstappen (Arrows-Asiatech) | Motor |
| 45 | Jacques Villeneuve (BAR-Honda) | Unfall |

| Pole-Position | Schnellste Runde |
|---|---|
| M. Schumacher (Ferrari)<br>1:11,708 Minuten<br>210,453 km/h | J.-P. Montoya (BMW-Williams)<br>1:14,448 Minuten<br>202,707 km/h |

INDIANAPOLIS, USA
4,192 KILOMETER
73 RUNDEN



Nirgends kommen mehr Zuschauer: 180 000 am Rennsonntag – obwohl die Formel 1 in Amerika eine Randsportart ist. Doch in Indianapolis schlägt das Herz des US-Motorsports. Schlüsselstelle: der Rechtsknick am Ende der superlangen Oval-Geraden.

# Grand Prix von Japan

**Stichwort: Zuverlässigkeit. Wer gewinnen will, muss erst einmal ins Ziel kommen. Das ist die erste Regel der Formel 1**

Suzuka, das letzte Rennen der Saison, die traditionelle Abrechnung: Ferrari wurde 2001 wieder Weltmeister – aber nicht nur, weil Michael Schumacher der beste Fahrer ist, sondern auch, weil die Italiener das zuverlässigste Auto bauten...

Die beiden roten Renner erreichten 2001 bei 34 Starts 28 Mal das Ziel. Das entspricht einer Ankunftsquote von 90,7 Prozent. McLaren-Mercedes sah dagegen 22 Mal die Zielflagge (75,9 Prozent) und BMW-Williams gar nur 16 Mal (69,9 Prozent).

»Wahrscheinlich wäre Michael nicht zu schlagen gewesen, aber wir hätten es spannend gemacht«, hadert Mercedes-Sportchef Norbert Haug mit der mangelnden Zuverlässigkeit. Bei zehn technischen Defekten am Silberpfeil streikte viermal der Stuttgarter Motor. Die gleiche Motoren-Ausfallquote hatte BMW. Dagegen gab die Ferrari-Maschine nur einmal (Barrichello/USA) ihren Geist auf.

Von insgesamt 2138 Rennrunden der letzten Saison absolvierte Ferrari 1941, McLaren-Mercedes 1623 und BMW-Williams 1495.

Nach einer Statistik des Fachmagazines *auto, motor und sport* war BMW aber am schnellsten: durchschnittlicher Top-Speed im Rennen 320,03 km/h – Ferrari schaffte 316,56 km/h und McLaren-Mercedes 316,90 km/h. Was zeigt: Schnelligkeit alleine reicht nicht.

**Ziel erreicht. Ralf Schumacher im BMW-Williams. Das Auto war schnell, aber noch nicht zuverlässig genug**

### RENNERGEBNIS 2001

| | | |
|---|---|---|
| 1. | **Michael Schumacher** (Ferrari) | 1:27:33,298 |
| **Platz** | **Fahrer** | **Rückstand** |
| 2. | Juan-Pablo Montoya (BMW-Williams) | 3,153 Sek. |
| 3. | David Coulthard (McLaren-Mercedes) | 23,261 |
| 4. | Mika Häkkinen (McLaren-Mercedes) | 35,539 |
| 5. | Rubens Barrichello (Ferrari) | 36,544 |
| 6. | Ralf Schumacher (BMW-Williams) | 37,122 |
| 7. | Jenson Button (Benetton-Renault) | 1:37,102 Min. |
| 8. | Jarno Trulli (Jordan-Honda) | 1 Runde |
| 9. | Nick Heidfeld (Sauber-Petronas) | 1 Runde |
| 10. | Jacques Villeneuve (BAR-Honda) | 1 Runde |
| 11. | Fernando Alonso (Minardi-European) | 1 Runde |
| 12. | Heinz-Harald Frentzen (Prost-Acer) | 1 Runde |
| 13. | Olivier Panis (BAR-Honda) | 2 Runden |
| 14. | Jos Verstappen (Arrows-Asiatech) | 2 Runden |
| 15. | Enrique Bernoldi (Arrows-Asiatech) | 2 Runden |
| 16. | Alex Yoong (Minardi-European) | 3 Runden |
| 17. | Giancarlo Fisichella* (Benetton-Renault) | |

* Ausgefallen (Getriebe), aber noch gewertet, da 90 Prozent des Rennens absolviert

### AUSFÄLLE

| Runde | Fahrer | Ausfallgrund |
|---|---|---|
| 6 | Jean Alesi (Jordan-Honda) | Unfall |
| 6 | Kimi Räikkönen (Sauber-Petronas) | Unfall |
| 25 | Eddie Irvine (Jaguar-Cosworth) | Tankanlage |
| 43 | Tomas Enge (Prost-Acer) | Öl-Leck |
| 46 | Pedro de la Rosa (Jaguar-Cosworth) | Bremsen |

| Pole-Position | Schnellste Runde |
|---|---|
| M. Schumacher (Ferrari)<br>1:32,484 Minuten<br>228,065 km/h | R. Schumacher (BMW-Williams)<br>1:36,944 Minuten<br>217,573 km/h |

Suzuka, Japan
5,859 Kilometer
53 Runden



Die Lieblingsstrecke vieler Fahrer (Schumi, Frentzen). Schön, elegant, anspruchsvoll. Schlüsselstelle: die zweite Spoon-Kurve. Viele Piloten stehen hier mit dem rechten Hinterrad im Dreck, weil die Fahrbahn so eng wird. Höchste Rutschgefahr!

# WM-ENDSTÄNDE 2001

| | Fahrer | Punkte |
|---|---|---|
| **1.** | **Schumacher** | **123** |
| 2. | Coulthard | 65 |
| 3. | Barrichello | 56 |
| 4. | R. Schumacher | 49 |
| 5. | Häkkinen | 37 |
| 6. | Montoya | 31 |
| 7. | Villeneuve | 12 |
| 8. | Heidfeld | 12 |
| 9. | Trulli | 12 |
| 10. | Räikkönen | 9 |
| 11. | Fisichella | 8 |
| 12. | Irvine | 6 |
| 13. | Frentzen | 6 |
| 14. | Panis | 5 |
| 15. | Alesi | 5 |
| 16. | de la Rosa | 3 |
| 17. | Button | 2 |
| 18. | Verstappen | 1 |

| | Konstrukteur | Punkte |
|---|---|---|
| **1.** | **Ferrari** | **179** |
| 2. | McLaren-Mercedes | 102 |
| 3. | BMW-Williams | 80 |
| 4. | Sauber-Petronas | 21 |
| 5. | Jordan-Honda | 19 |
| 6. | BAR-Honda | 17 |
| 7. | Benetton-Renault | 10 |
| 8. | Jaguar | 9 |
| 9. | Prost-Acer | 4 |
| 10. | Arrows-AMT | 1 |

# Teams 2002

## Alle gegen einen: Die ganze Formel 1 jagt Weltmeister Michael Schumacher im Ferrari



**So einfach wie letztes Jahr, wird es 2002 für Schumi & Co nicht werden...**

**Ferraris größte Herausforderer, McLaren-Mercedes und BMW-Williams, haben weiter aufgerüstet. Mit neuen Reifen, stärkeren Motoren und schnelleren Autos.**

**Dahinter machen 2002 die großen Werksteams mobil. BAR und Jordan mit ihren Honda-Motoren, Renault oder Jaguar – auf der Jagd nach Schumi ist viel Geld im Spiel. Das hat auch Neueinsteiger Toyota. Die Japaner betrachten 2002 als Lehrjahr, wollen aber schon ein wenig mitmischen. Und was macht Sauber? Letztes Jahr ein sensationeller 4. WM-Platz, 2002 wieder ein gutes Auto – der erste Sieg ist möglich.**

**Start frei!**

### FAHRER UND STARTNUMMERN

| Team | Reifen | Fahrer | Startnr. |
|---|---|---|---|
| **Ferrari** | Bridgestone | Michael Schumacher | 1 |
| | | Rubens Barrichello | 2 |
| **McLaren-Mercedes** | Michelin | David Coulthard | 3 |
| | | Kimi Räikkönen | 4 |
| **BMW-Williams** | Michelin | Ralf Schumacher | 5 |
| | | Juan-Pablo Montoya | 6 |
| **Sauber-Petronas** | Bridgestone | Nick Heidfeld | 7 |
| | | Felipe Massa | 8 |
| **Jordan-Honda** | Bridgestone | Giancarlo Fisichella | 9 |
| | | Takuma Sato | 10 |
| **BAR-Honda** | Bridgestone | Jacques Villeneuve | 11 |
| | | Olivier Panis | 12 |
| **Renault** | Michelin | Jarno Trulli | 14 |
| | | Jenson Button | 15 |
| **Jaguar-Cosworth** | Michelin | Eddie Irvine | 16 |
| | | Pedro de la Rosa | 17 |
| **Arrows-Cosworth** | Bridgestone | Heinz-Harald Frentzen | 20 |
| | | Enrique Bernoldi | 21 |
| **Minardi-Asiatech** | Michelin | Mark Webber | 22 |
| | | Alex Yoong | 23 |
| **Toyota** | Michelin | Mika Salo | 24 |
| | | Allan McNish | 25 |

***Gegründet:** 1929 – **Standort:** Maranello, Italien – **Teamchef:** Jean Todt – **Technischer Direktor:** Ross Brawn – **Motorenchef:** Paolo Martinelli – **Teammanager:** Stefano Domenicali – **Auto:** Ferrari F2002 – **Motor:** 051 – **Reifen:** Bridgestone – **Größte Erfolge:** Elf Fahrer-Weltmeister, elfmal Konstrukteurs-Weltmeister, 144 Grand-Prix-Siege – **Etat 2002:** ca. 300 Mio. Euro*

# Rote Rakete

## »Es ist der beste Ferrari aller Zeiten«



La passione« – die Leidenschaft hat seit dem 6. Februar in Italien einen neuen Namen: Ferrari F2002. Wenn Michael Schumachers neuer Renner so schnell wie schön ist, dann hat er WM-Titel Nummer fünf schon fast in der Tasche.

Die Worte von Ferrari-Präsident Luca di Montezemolos waren bei der Präsentation noch glühender als sonst: »Der Glaube und der Wille zum Sieg steckt in uns allen. Wir wollen wieder beide Titel!«

Schumis neuer Dienstwagen ist laut Technikchef Ross Brawn »der beste Ferrari, den wir je gebaut haben«. Die Weiterentwicklung des erfolgreichen F2001 glänzt vor allem mit einem leichteren Fahrwerk und einem neuen Titan-Getriebe, das Schaltzeiten von 20 Millisekunden ermöglichen soll. Auf einen Wimpernschlag könnten demnach fünf Gangwechsel kommen.Für Teamchef Jean Todt wird die Titelverteidigung allerdings kein Selbstläufer. »Wir werden starke Gegner haben, die nicht verlieren wollen«, sagt der Franzose: »Aber wir haben ein sehr gutes Team. Ich bin stolz auf diese Mannschaft.«

Michael Schumacher redet auch gar nicht lange herum, gibt ganz offen zu: »Ich bin 2002 der Top-Favorit auf den Titel.«

**Michael Schumacher (33, Kerpen, links im Bild). Startnummer 1. Verheiratet mit Corinna, Kinder Gina-Maria, Mick. Weltmeister 1994/95 (Benetton) und 2000/2001 (Ferrari). 161 Grand-Prix-Starts, 53 Siege, 43 Pole-Positionen, 44 schnellste Runden, 801 WM-Punkte. Debüt 1991 im Jordan in Spa (Belgien).**

**Rubens Barrichello (29, Brasilien). Startnummer 2. Verheiratet mit Silvana, Sohn Eduardo. Letzte Saison mit 56 Punkten WM-Dritter. 147 Grand-Prix-Starts, 195 WM-Punkte, ein Sieg (2000 Hockenheim), drei Pole-Positionen, drei schnellste Runden. Debüt 1993 im Jordan in Kyalami (Südafrika).**

**Gegründet:** *1963* – **Standort:** *Woking/Surrey (England) und Stuttgart* – **Teamchef:** *Ron Dennis* – **Mercedes-Sportchef:** *Norbert Haug* – **Motorenchef:** *Mario Illien* – **Auto:** *McLaren MP4-17* – **Motor:** *FO 110M* – **Reifen:** *Michelin* – **Größte Erfolge:** *Elf Fahrer-Weltmeister, achtmal Konstrukteurs-Weltmeister, 134 Grand-Prix-Siege* – **Etat 2002:** *ca. 300 Mio. Euro*

# Silberne Hoffnung

## Mit komplett neuem Auto auf Titeljagd



West McLaren Mercedes

Der neue McLaren-Mercedes MP4-17 – er soll alle Vorgänger in den Schatten stellen. Chefdesigner Adrian Newey hat ihm eine komplett neue Aerodynamik verpasst: flacheres Heck, neue Nase und verkleidete Vorderradaufhängungen. Mercedes-Motorenhexer Mario Illien baute ein Super-Triebwerk (Zylinderwinkel statt 72 jetzt 90 Grad, flacher und leichter): 860 PS – so stark wie nie! Und: Die neuen Michelin-Reifen (bisher Bridgestone) sind dem MP4-17 wie auf den Leib geschneidert.

Vollgas! Schon in der ersten Testwoche stellten sowohl David Coulthard als auch Häkkinen-Ersatz Kimi Räikkönen in Barcelona neue Rundenrekorde auf. Das Saisonziel der schwäbisch-englischen Connection ist klar. Mercedes-Sportchef Norbert Haug und McLaren-Boss Ron Dennis wollen beide WM-Titel holen.

**David Coulthard (30, Schottland, im Foto rechts). Startnummer 3. Verlobt mit Simone Abdelnour. Letzte Saison mit 65 Punkten WM-Zweiter. 124 Grand-Prix-Starts, 359 WM-Punkte, elf Siege, zwölf Pole-Positionen, 19 schnellste Runden. Fährt seit 1996 für McLaren-Mercedes. Debüt 1994 im Williams-Renault in Barcelona.**

**Kimi Räikkönen (22, Finnland). Startnummer 4. Freundin Jenni Dahlmann. Mit neun Punkten WM-Zehnter. Bisherige Erfolge: Formel Renault in England, Meister 2000. Erster Formel-1-Test im Sauber im September in Mugello. 17 Grand-Prix-Starts, neun WM-Punkte. Debüt 2001 im Sauber-Petronas in Melbourne (Australien).**

**Gegründet:** *1973* – **Standort:** *Grove/Wantage (England)* – **Teamchef:** *Frank Williams* – **Technikdirektor:** *Patrick Head* – **BMW-Sportdirektor:** *Gerhard Berger* – **BMW-Motorenchef:** *Mario Theissen* – **Auto:** *Williams FW24* – **Motor:** *BMW P82* – **Reifen:** *Michelin* – **Größte Erfolge:** *Sieben Fahrer-Weltmeister, neunmal Konstrukteurs-Weltmeister – 107 Grand-Prix-Siege* – **Etat 2002:** *ca. 180 Mio. Euro*

# Bayern-Power

## Mit Ralf Schumacher und Montoya auf WM-Kurs



In München knallten die Kronkorken der Weißbier-Flaschen, ganz BMW feierte: WM-Dritter 2001 hinter Ferrari und Mercedes im nur zweiten Formel-1-Jahr – „do legst di nieder!"

Auch diese Saison wird BMW-Williams bei den ganz Großen ein Wörtchen mitreden. Im Fahrerlager sprechen viele sogar von echten WM-Chancen... Die Voraussetzungen sind denkbar gut. Mit Ralf Schumacher und Juan-Pablo Montoya haben die Weiß-Blauen zwei junge Siegfahrer. Sie schenken sich gegenseitig nichts und kennen auf der Strecke weder Freund noch Feind. Und der Williams FW24 (aus dem erfolgreichen Vorgänger von Chefdesigner Gavin Fisher weiterentwickelt) ist mit dem bärenstarken BMW-Zehnzylinder P82 (880 PS) der stärkste im Feld!

Teamchef Sir Frank Williams: „Wir wissen, dass wir stark sind. Unsere Erwartungen sind hoch."

**Ralf Schumacher (25, Hürth, im Foto links). Startnummer 5. Verheiratet mit Cora, Sohn David. Letzte Saison mit 49 Punkten WM-Vierter. 83 Grand-Prix-Starts, drei Siege, eine Pole-Position, sechs schnellste Runden. 135 WM-Punkte. Debüt 1997 im Jordan-Peugeot in Melbourne (Australien).**

**Juan-Pablo Montoya (25, Kolumbien). Startnummer 6. Freundin Connie. Letzte Saison mit 31 Punkten WM-Sechster. Erfolge: 1999 Champion der amerikanischen CART-Serie. 17 Grand-Prix-Starts, ein Sieg, drei Pole-Positionen, drei schnellste Runden. 31 WM-Punkte. Debüt 2001 im BMW-Williams in Melbourne (Australien).**

***Gegründet:** 1993 – **Standort:** Hinwil (Schweiz) – **Teamchef:** Peter Sauber – **Technikdirektor:** Willy Rampf – **Teammanager:** Beat Zehnder – **Motorenchef:** Osamu Goto – **Auto:** Sauber C21 – **Motor:** Petronas 02A **Reifen:** Bridgestone – **Größte Erfolge:** WM-Vierter 2001 mit 21 Punkten – **Etat 2002:** ca. 125 Mio. Euro*



# Ein Sieg ist fällig

## Die Schweizer auf dem Weg zum Gipfel

Zehn Jahre Formel 1 und 2001 klammheimlich auf WM-Platz vier geklettert: Sauber-Petronas ist auf dem Weg nach oben... Der erste Sieg ist fällig!

Das sagt auch Nick Heidfeld. Der Gladbacher: „Ich will gewinnen! Und ich denke, dass wir dieses Jahr dazu auch keine Chaos-Rennen mit vielen Ausfällen brauchen. Unser Auto ist fantastisch!"

„Quick-Nick" schwärmt: Der C21, konstruiert von Willy Rampf, hat seine Test-Feuerproben mit Bravour bestanden. Kann durch Mini-Eigengewicht (550 kg) und damit erlaubtem Zusatzballast optimal abgestimmt werden. Und hat mit dem Ex-Ferrari-Motor (850 PS) von 2001 so richtig Feuer im Heck! Schließlich holte Schumi mit ihm locker beide WM-Titel. Heidfeld: „Das ist schon fast unheimlich". Nur einer stapelt noch tief: „Siege aus eigener Kraft sind noch unmöglich", sagt Teamchef Peter Sauber. Er ist halt Schweizer.

**Nick Heidfeld (23, Gladbach, im Foto rechts). Startnummer 7. Freundin Patricia. Letzte Saison mit zwölf Punkten WM-Achter. Erfolge: Deutscher Formel-3-Champion 1997, 1998 Vizemeister F 3000, 1999 Europameister. 33 Grand-Prix-Starts, kein Sieg, keine Pole. Debüt 2000 im Prost-Peugeot in Melbourne (Australien).**

**Felipe Massa (20, Brasilien). Startnummer 8. Formel-1-Einsteiger. Erfolge: Brasilianischer Meister Formel Chevrolet 1999, Formel-Renault-Meister Italien 2000, F 3000 vier Siege 2001. Debüt 2002 im Sauber-Petronas in Melbourne (Australien).**

***Gegründet:*** *1991* – ***Standort:*** *Silverstone (England)* – ***Teamchef:*** *Eddie Jordan* – ***Technikdirektor:*** *Eghbal Hamidy* – ***Teammanager:*** *Jim Vale* – ***Motorenchef:*** *Kazutoshi Nishizawa* – ***Auto:*** *Jordan EJ12* – ***Motor:*** *Honda RAA002E*
***Reifen:*** *Bridgestone* – ***Größte Erfolge:*** *WM-Dritter 1999 mit 61 Punkten, drei Grand-Prix-Siege* – ***Etat 2002:*** *ca. 75 Mio. Euro*

Jordan Honda

# Neue Hoffnung

## Geht bei Jordan endlich die Post ab?



Eddie Jordan ist der listige Fuchs der Formel 1. Wann immer er auch Verträge machte – sie waren in der Regel „bombensicher"". Bei vorzeitiger Auflösung hatte immer nur einer verdient: er! Das könnte sich ändern ...

Mit der vorzeitigen Entlassung von Heinz-Harald Frentzen beschäftigen sich englische Gerichte. Frentzen hat Jordan auf rund 20 Millionen Mark Schadenersatz verklagt. Er könnte gewinnen. Unabhängig davon, soll bei Jordan – nach einem enttäuschenden sechsten Platz in der Team-WM – diese Saison endlich die Post abgehen. Gerüchte über finanzielle Notlagen entkräftete der clevere Ex-Bankkaufmann schnell: Seine Hauptsponsoren „Benson & Hedges" und „Deutsche Post Worldnet" sorgen auch 2002 für den notwendigen Background.

Der „Jordan EJ12" geht mit neuer Besetzung ins Rennen. Neben Giancarlo Fisichella hat der Teamchef seinem Motorenlieferanten Honda zuliebe den Japaner Takuma Sato verpflichtet. Ein junger Mann, der schon für BAR Tests fuhr und als Talent gilt. Und der Jordan – neben BAR – auch künftig Honda-Werksmotoren sichern soll.

**Giancarlo Fisichella (29, Italien). Startnummer 9. Verheiratet mit Luna, Tochter Carlotta. Letzte Saison mit acht Punkten WM-Elfter. 91 Grand-Prix-Starts, kein Sieg, eine Pole-Position, eine schnellste Runde. 75 WM-Punkte. Debüt 1996 im Minardi-Ford in Melbourne (Australien).**

**Takuma Sato (25, Japan). Startnummer 10. Single. Formel-1-Einsteiger. Erfolge: 2001 Champion britische Formel 3, F1-Testfahrer bei BAR 2001. Debüt 2002 im Jordan-Honda in Melbourne (Australien).**

## BAR-HONDA

***Gegründet:*** *1998* – ***Standort:*** *Brackley (England)* – ***Teamchef:*** *David Richards* – ***Technikdirektor:*** *Malcolm Oastler* – ***Teammanager:*** *Ron Meadows* – ***Motorenchef:*** *Takefumi Hosaka* – ***Auto:*** *BAR 004* – ***Motor:*** *Honda RAA002E* – ***Reifen:*** *Bridgestone* – ***Größter Erfolge:*** *WM-Fünfter 2000 mit 20 Punkten* – ***Etat 2002:*** *150 Mio. Euro*



# Fehlstart!

### BAR fängt noch mal von vorne an ...

Wenn es ein Team in der Formel 1 gibt, das schon seit Jahren seinen hoch gesteckten Zielen hinterherfährt, dann ist das British American Racing, kurz BAR. Das BAR-Honda-Team von Jacques Villeneuve und Olivier Panis war bis jetzt so wenig erfolgreich, dass Chef Craig Pollock einen Tag vor der Präsentation des BAR004 seinen Hut nahm. Oder nehmen musste. Fürs Erste führt jetzt David Richards die Geschäfte.

Der Engländer hat Motorsport-Erfahrung: Als Rallye-Teamchef mit Subaru Weltmeister, in der Königsklasse führte er schon einmal das Benetton-Team. Ob sich mit Richards der Erfolg endlich einstellt? Auto und Motor scheinen jedenfalls nicht so schlecht zu sein. Villeneuve hoffnungsvoll: „Der positive Eindruck vom ersten Testtag an hat sich gehalten."

Honda hat nicht nur den nagelneuen Motor RA002E mit 90 Grad Zylinderwinkel und einen neuen Dreijahres-Vertrag mitgebracht, sondern wird sich auch an der Weiterentwicklung des Chassis beteiligen. Technikdirektor Malcolm Oastler: „Wir fangen wohl oder übel noch mal ganz von vorne an!"

**Jacques Villeneuve (30, Kanada, im Foto links). Startnummer 11. Single. Letzte Saison mit zwölf Punkten WM-Neunter. 1995 IndyCar-Champion, 1997 Formel-1-Weltmeister. 98 Grand-Prix-Starts, elf Siege, 13 Pole-Positionen, neun schnellste Runden. 209 WM-Punkte. Debüt 1996 im Williams-Renault in Melbourne (Australien).**

**Olivier Panis (35, Frankreich). Startnummer 12. Verheiratet mit Anne, drei Kinder. Letzte Saison mit fünf Punkten WM-15. Karriere: 1989 französischer Formel-Renault-Meister, 1993 int. F 3000-Meister. 108 GP-Starts, 61 WM-Punkte, ein Sieg. 61 WM-Punkte. Debüt 1994 im Ligier-Renault in São Paulo (Brasilien).**

**Gegründet:** *1983 (Benetton)* – **Standort:** *Enstone (England), Viry-Chatillon (Frankreich)*– **Teamchef:** *Flavio Briatore* – **Technik:** *Mike Gascoyne, Jean Jacques His* – **Teammanager:** *Steve Nielsen* – **Motorenchef:** *Patrick Faure* – **Auto:** *Renault F1 R202* – **Motor:** *RS22* – **Reifen:** *Michelin* – **Erfolge (Benetton):** *Zwei Fahrer-Weltmeister, eine Konstrukteurs-WM, 27 Grand-Prix-Siege* – **Etat 2002:** *ca. 160 Mio. Euro*

# Die Rückkehr

RENAULT F1

## Renault startet wieder als Werksteam



Bis 1985 hatten die Franzosen noch Chassis und Motor selbst gebaut, bis 1997 lieferten sie Benetton und Williams Triebwerke. Und holten durch Schumi, Damon Hill und Jacques Villeneuve noch drei Fahrertitel.

Jetzt sind sie wieder da, als Werksteam – mit dem Renault R202 und dem angeblichen »Wunder-Motor« R22. Spötter behaupten: Wunder-Motor deswegen, weil sich letzte Saison jeder wunderte, wenn die Rennwagen (noch als Benetton) ins Ziel kamen. Zwölf Ausfälle, fast hundert PS weniger als die Topteams. Peinlich.

Aber Renault-F1-Direktor Patrick Faure sagt: »Wir halten an unserer Philosophie fest.« Heißt: Der Motor mit 110 Grad Zylinder-Öffnungswinkel ist absolut einmalig und dementsprechend flacher als die Aggregate der Konkurrenz. Und: Er soll diesmal von Anfang an wettbewerbsfähig sein! Faure: »Wir peilen Platz vier an. Und 2004 fahren wir um die WM.«

**Jarno Trulli (27, Italien, im Foto links). Startnummer: 14. Freundin Alessandra. Letzte Saison mit zwölf Punkten WM-Siebter. 78 Grand-Prix-Starts, einmal Zweiter (1999 auf dem Nürburgring). 29 WM-Punkte. Debüt 1997 im Minardi-Hart in Melbourne (Australien).**

**Jenson Button (22, England). Startnummer 15. Single. Letzte Saison mit zwei Punkten WM-17. Erfolge: 1997 Vize-Kart-Weltmeister, 1998 Champion Britische Formel Ford. 34 GP-Starts, 14 WM-Punkte. Debüt 2000 im BMW-Williams in Melbourne (Australien).**

***Gegründet:*** *1999* – ***Standort:*** *Tilbrook/Milton Keynes (England)* ***Teamchef:*** *Niki Lauda* – ***Technikdirektor:*** *Günther Steiner (vorläufig)* – ***Teammanager:*** *Dave Stubbs* – ***Motorenchef:*** *Nick Hayes* – ***Auto:*** *Jaguar R3* – ***Motor:*** *Cosworth CR3* – ***Reifen:*** *Michelin* – ***Größte Erfolge:*** *WM-Achter 2001 mit neun Punkten* – ***Etat 2002:*** *ca. 150 Mio. Euro*



# Katzenjammer

## Jaguar zeigt einfach keine Krallen

Die »grüne Katze« springt schon im dritten Jahr über den Formel-1-Asphalt. Bisher mehr schlecht als recht – letzte Saison reichte es sogar nur zum drittletzten Platz.

Teamchef Niki Lauda hat für 2002 seine Mannschaft personell kräftig umbesetzt und sich sogar selbst mal wieder ins Cockpit reingesetzt – »um das Auto besser zu verstehen«. Allerdings fehlten Lauda fast 15 Sekunden auf die Rundenzeiten seiner Fahrer, worauf sogar Michael Schumacher witzelte: »Ich glaube, das schafft meine Frau auch.«

Was schafft Jaguar in dieser Saison? Der neue R3 mit Cosworth-Motor (825 PS, mit klassischem 75-Grad-Zylinderwinkel) hat gleich nach der Vorstellung Mängel gezeigt. Aerodynamik-Probleme wie bereits beim Vorgängermodell. Aber selbst Dauer-Nörgler Eddie Irvine sagt: »Bis zu den ersten Rennen ist das Auto schnell!« Dafür hat der Jaguar im Vergleich zum Vorjahr 33 kg abgespeckt und kann so mit Zusatzgewichten besser ausbalanciert werden.

**Eddie Irvine (36, Irland, im Foto links). Startnummer 16. Playboy. Letzte Saison mit sechs WM-Punkten WM-13. Erfolge: 1999 Vize-Weltmeister im Ferrari (74 Punkte). 129 Grand-Prix-Starts, vier Siege, eine schnellste Runde. Debüt 1993 im Jordan-Hart in Suzuka (Japan).**

**Pedro de la Rosa (31, Spanien). Startnummer 17. Verheiratet mit Maria. Letzte Saison mit drei Punkten WM-16. Erfolge: 1990 spanischer Formel-Ford-Meister, 1995 japanischer Formel-3-Meister, 1997 jap. F-3000-Meister. 46 Grand-Prix-Starts, sechs WM-Punkte. Debüt: 1999 im Arrows in Melbourne (Australien).**

***Gegründet:** 1977 – **Standort:** Leafield, Witney (England) – **Teamchef:** Tom Walkinshaw – **Technikdirektor:** Mike Coughlan – **Teammanager:** Michael Ainsley-Cowlishaw – **Motorenchef:** Guy Adoux – **Auto:** Arrows A23 – **Motor:** Cosworth – **Reifen:** Bridgestone – **Größte Erfolge:** WM-Vierter 1988 mit 23 Punkten – **Etat 2002:** ca. 40 Mio. Euro*

ARROWS

# Kleines Geld, kleine Ziele

## Nur der Motor kann sich sehen lassen...



Bei den „Orangefarbenen" war das Geld über den Winter knapp. Branchenkenner schätzten den noch nicht abgedeckten Kapitalbedarf von Arrows auf über 30 Millionen Euro. Kein Wunder also, dass Teamchef Tom Walkinshaw seinen „A23" einschließlich der Fahrerpaarung erst kurz vor der Abreise nach Australien offiziell vorstellte.

Geldprobleme waren auch mit ein Grund, warum das neue Auto erst so spät fertig wurde. Cosworth zögerte damit, die Motoren (die gleichen wie für Jaguar) an Tom Walkinshaw, genannt „Major Tom", auszuliefern.

Verzichtet wurde deswegen auf Tests mit einem Übergangsmodell aus der letzten Saison. Am Arrows-Stammsitz Leafield formulierte man das so: „Da der A23 eine Weiterentwicklung des Vorjahresmodells ist, haben wir uns voll und ganz nur auf die Arbeit am neuen Chassis konzentriert." Naja.

Zumindest ist man guter Hoffnung: Aus dem einen WM-Punkt 2001 soll diese Saison zumindest wieder das 2000er-Ergebnis werden – damals waren es sieben WM-Punkte. Viel mehr scheint auch nicht drin.

**Heinz-Harald Frentzen (34, Mönchengladbach). Startnummer 20. Verheiratet mit Tanja, Tochter Lea. Letzte Saison mit sechs Punkten WM-Zwölfter. 129 Grand-Prix-Starts, drei Siege, zwei Pole-Positionen, sechs schnellste Runden. 159 WM-Punkte. Debüt 1994 im Sauber-Mercedes in São Paulo (Brasilien).**

**Enrique Bernoldi (23, Brasilien). Startnummer 21. Single. Erfolge: 1996 Formel-Renault-Meister. 1998 britischer. Formel-3-Vizemeister. 1999/2000 F 3000 und Testpilot bei Sauber. 17 Grand-Prix-Starts. Debüt 2001 im Arrows in Melbourne (Australien).**

***Gegründet:** 1984 – **Standort:** Faenza (Italien) – **Teamchef:** Paul Stoddart – **Technikdirektor:** Gabriele Tredozi – **Teammanager:** John Walton – **Motorenchef:** Mark Parish – **Auto:** Minardi PS02 – **Motor:** Asiatech **Reifen:** Michelin – **Größte Erfolge:** WM-Siebter 1991 mit sechs Punkten – **Etat 2002:** ca. 50 Mio. Euro*



# Aufbruchstimmung

## Man will mal nicht Letzter werden

Gut, dass der neue Minardi-Besitzer Paul Stoddart Multimillionär ist. Und dazu noch VIP-Gast bei den meisten Airlines. Denn so oft wie der italienische Rennstall derzeit in Asien ist – das kostet richtig Geld...

Stoddart, ein Australier, hat ehrgeizige Ziele. Zum einen verpflichtete er als Fahrer Alex Yoong aus Malaysia und seinen Landsmann Mark Webber. Zum anderen zog er dadurch auch Sponsoren aus Yoongs Heimatland an Bord. Erst präsentierte er im Januar in Kuala Lumpur drei neue Geldgeber auf dem »Go KL-Auto«, dann wurde der neue Minardi PS02 mit einer großen Gala eine Woche vorm Grand Prix von Australien in Melbourne feierlich vorgestellt.. Stoddarts Zukunftsvisionen: »Wir wollen und werden vom Tabellenende der Formel 1 wegkommen und zur Mittelklasse aufrücken.«

**Mark Webber (25, Australien). Startnummer 22. Single. Erfolge: 1998/1999 Werksfahrer Mercedes, u.a. GT-Serie, 2000/2001 F 3000 (2. bzw. 3.), 2001 Testfahrer Benetton. Debüt 2002 in Melbourne (Australien).**

**Alexander Charles Loon Yoong (25, Malaysia). Startnummer 23. Single. Erfolge: 1994/95 neun Siege Formula Asia, 1996/97 britische Formel Renault, 1998/99 Formel 3, 2000/01 Formel Nippon. Drei Grand-Prix-Starts. Debüt 2001 im Minardi in Monza (Italien).**

***Gegründet:*** *1999* – ***Standort:*** *Köln* – ***Teamchef:*** *Ove Andersson* – ***Technikdirektor:*** *Gustav Brunner*
***Teammanager:*** *Ange Pasquali* – ***Motorenchef:*** *Norbert Kreyer* – ***Auto:*** ***Toyota*** *TF 102* –
***Motor:*** *RVX-02* – ***Reifen:*** *Michelin* – ***Erfolge:*** *Formel-1-Einsteiger* – ***Etat 2002:*** *ca. 300 Mio. Euro*

# Nichts ist unmöglich

## Aber Geld alleine gewinnt keine Rennen



Die Formel 1 ist um ein neues Team reicher – um ein sehr reiches dazu. Toyota. Und nichts ist unmöglich: Alles wird in Deutschland gebaut!

Seit 1999 konzentrieren sich die Japaner auf den Einstieg in die Königsklasse. Teamchef Ove Andersson, vorher Boss der Toyota-Rallye- und Le-Mans-Schmiede in Köln, konnte finanziell aus dem Vollen schöpfen: Für fünf Jahre Formel 1 hat der drittgrößte Automobilhersteller der Welt rund 1,5 Milliarden Euro zur Verfügung gestellt!

Der Toyota TF102 stammt aus der Feder von Ex-Ferrari-Designer Gustav Brunner (Österreich). Den RVX-02 Motor hat mit Norbert Kreyer ein Deutscher konstruiert. Die Fahrer Mika Salo und Allan McNish haben ein Jahr lang getestet auf Teufel komm raus. Jetzt kommt die Stunde der Wahrheit. Und Experten befürchten, dass der Anschluss an die Spitze noch dauern wird: Die letzten Testzeiten vor Saisonstart hatten nur Minardi-Niveau. Toyota fehlten um die drei Sekunden auf die Spitze.

**Mika Salo (35, Finnland, rechts im Bild). Startnummer 24. Verheiratet mit Noriko, Sohn Max Yuki Roland. Letzte Saison Testfahrer Toyota, davor bei Sauber (17 Rennen), Ferrari (7), BAR (3). 93 Grand-Prix-Starts, 31 WM-Punkte. Debüt 1994 im Lotus-Mugen-Honda in Suzuka (Japan).**

**Allan McNish (32, Schottland). Startnummer 25. Ledig. Letzte Saison als Testfahrer zu Toyota. Erfolge: 1987 Formel Ford 2., 1998 Sieger Le Mans (Porsche GT1), 2000 Le-Mans-Sieg (Audi), schnellste Runde Daytona, 24 Stunden, 2001 (Audi). Debüt 2002 im Toyota in Melbourne (Australien).**

# Adieu, Alain!

## Als Pilot ein Gigant, als Teamchef gescheitert. Der Rennstall von Alain Prost ist pleite

Als Fahrer war Alain Prost (47) eine Legende. 51 Siege in 199 Rennen, vier Weltmeistertitel. Sie nannten ihn den »Professor«. Dann wechselte der Franzose die Seiten, wurde Teamchef – und ist gescheitert. Sein Prost-Team ging Pleite und musste sich aus der Formel 1 verabschieden...

Ein Traum ist geplatzt. Alain Prost, der vor fünf Jahren seinen Rennstall als Nachfolger des früheren Traditionsteam Ligier gründete, wollte voller Nationalstolz eine rein französische Equipe daraus machen. Das Chassis baute Prost selber, die Motoren aber musste er nach dem Peugeot-Ausstieg zuletzt aber teuer von Ferrari leasen. Prost steuerte in die Zahlungsunfähigkeit. Kaum Sponsoren – vielleicht auch wegen des ausbleibenden Erfolges. Wenig Aussicht auf Besserung. Auch die französische Regierung zeigte kein Interesse. Der Schuldenberg wuchs. Zwangsverwalter Frank Michel bilanzierte 30,5 Millionen Euro Verbindlichkeiten. Am 28. Januar 2002 zog dann das Handelsgericht in Versailles einen Schlussstrich unter das Prost-Kapitel, obwohl zuletzt noch Ex-Ferrari-Rennleiter Cesare Fiorio sizilianische Sponsoren mobilisiert hatte...

Alain Prost ist verbittert.

Seine 200 Leute stehen auf der Straße, Teile des Teaminventars wurden schon versteigert. »Das ist auch ein Scheitern Frankreichs«, klagt Prost. Und auf einmal meldeten sich auch Frankreichs Politiker zu Wort. Sportministerin Marie-George Buffet: »Ich bin überzeugt, dass es einen anderen Ausweg gegeben hätte. Ich denke, dass es in Frankreich Platz und Bedarf für ein Formel-1-Team gibt.« Vielleicht. Aber ohne Prost.

**Der Franzose Alain Prost, vierfacher Weltmeister**

| F1-Starts | |
|---|---|
| Riccardo Patrese | 256 |
| Gerhard Berger | 210 |
| Andrea de Cesaris | 208 |
| Nelson Piquet | 204 |
| Jean Alesi | 201 |
| Alain Prost | 199 |
| Michele Alboreto | 194 |
| Nigel Mansell | 187 |
| Graham Hill | 176 |
| Jacques Laffite | 176 |
| Thierry Boutsen | 173 |
| Mika Häkkinen | 162 |
| **Michael Schumacher** | **162** |

| WM-Titel | |
|---|---|
| Juan Manuel Fangio | 5 |
| Alain Prost | 4 |
| **Michael Schumacher** | **4** |
| Jack Brabham | 3 |
| Jackie Stewart | 3 |
| Niki Lauda | 3 |
| Nelson Piquet | 3 |
| Ayrton Senna | 3 |
| Alberto Ascari | 2 |
| Jim Clark | 2 |
| Graham Hill | 2 |
| Emerson Fittipaldi | 2 |
| Mika Häkkinen | 2 |

| Siege | |
|---|---|
| **Michael Schumacher** | **53** |
| Alain Prost | 51 |
| Ayrton Senna | 41 |
| Nigel Mansell | 31 |
| Jackie Stewart | 27 |
| Niki Lauda | 25 |
| Juan Manuel Fangio | 24 |
| Nelson Piquet | 23 |
| Damon Hill | 22 |
| Mika Häkkinen | 20 |

| Siege pro Saison | |
|---|---|
| **Michael Schumacher** | **9** |
| Nigel Mansell | 9 |
| Ayrton Senna | 8 |
| Mika Häkkinen | 8 |
| Damon Hill | 7 |
| Ayrton Senna | 7 |
| Alain Prost | 7 |
| Jacques Villeneuve | 7 |

| Pole-Positions pro Saison | |
|---|---|
| Nigel Mansell | 14 |
| Ayrton Senna[1] | 13 |
| Alain Prost | 13 |
| Mika Häkkinen | 11 |
| **Michael Schumacher** | **11** |
| Jacques Villeneuve | 10 |
| Niki Lauda | 9 |
| Ronnie Peterson | 9 |
| Nelson Piquet | 9 |
| Damon Hill | 9 |

[1] 2mal

| Durchschnittlicher Punktgewinn pro GP | |
|---|---|
| Juan Manuel Fangio | 5,44% |
| **Michael Schumacher** | **5,01%** |
| Dr. Giuseppe Farina | 3,89% |
| Jim Clark | 3,81% |
| Ayrton Senna | 3,81% |
| Jackie Stewart | 3,64% |
| Damon Hill | 3,13% |
| Froilan Gonzalez | 2,98% |
| David Coulthard | 2,90% |
| Stirling Moss | 2,83% |
| Mike Hawthorn | 2,83% |
| Mika Häkkinen | 2,61% |

# Schumi Superstar

**Nach seinem vierten WM-Titel stürmt Michael Schumacher fast alle Rekordlisten. Niemand hat so oft die schnellste Rennrunde gedreht, kein anderer Pilot der Formel-1-Geschichte fuhr so viele Punkte und Siege ein. Keine Statistik ist vor Schumi sicher. Allerdings: Bis 2007 müsste er noch fahren, um auch Rekordstarter Ricardo Patrese zu überholen...**

| WM-Punkte | |
|---|---|
| **Michael Schumacher** | **801** |
| Alain Prost | 798,5 |
| Ayrton Senna | 614 |
| Nelson Piquet | 485,5 |
| Nigel Mansell | 482 |
| Niki Lauda | 420,5 |
| Mika Häkkinen | 420 |
| Gerhard Berger | 385 |
| Damon Hill | 360 |
| Jackie Stewart | 360 |

## Pole-Positions

| | |
|---|---|
| Ayrton Senna | 65 |
| **Michael Schumacher** | **43** |
| Jim Clark | 33 |
| Alain Prost | 33 |
| Nigel Mansell | 32 |
| Juan Manuel Fangio | 28 |
| Mika Häkkinen | 26 |
| Niki Lauda | 24 |
| Nelson Piquet | 24 |
| Damon Hill | 20 |
| Mario Andretti | 18 |
| René Arnoux | 18 |
| Jackie Stewart | 17 |

## Die Motoren der Weltmeister

| | |
|---|---|
| Ford Cosworth | 13 |
| Ferrari | 11 |
| Honda | 5 |
| Renault | 5 |
| Mercedes | 4 |
| Climax | 4 |
| Porsche (TAG) | 3 |
| Alfa Romeo | 2 |
| Maserati | 2 |
| Repco | 2 |
| BRM | 1 |
| BMW | 1 |

## GP-Teilnahmen

| | |
|---|---|
| Ferrari | 653 |
| McLaren[1] | 526 |
| Lotus | 491 |
| Williams[2] | 445 |
| Tyrrell | 418 |
| Brabham | 394 |
| Arrows | 371 |
| Ligier | 326 |
| Benetton | 317 |
| Minardi | 271 |

[1] (davon 115 mit Mercedes-Motor)
[2] (davon 33 mit BMW-Motor)

## Siege

| | |
|---|---|
| Ferrari | 144 |
| McLaren[1] | 134 |
| Williams[2] | 107 |
| Lotus | 79 |
| Brabham[3] | 35 |
| Benetton[4] | 27 |
| Tyrrell | 23 |
| BRM | 17 |
| Cooper | 16 |
| Renault | 15 |
| Mercedes | 9 |

[1] davon 30 mit Mercedes-Motor
[2] davon 4 mit BMW-Motor
[3] davon 10 mit BMW-Motor
[4] davon 1 mit BMW-Motor

## Pole-Positions

| | |
|---|---|
| Ferrari | 149 |
| McLaren | 112 |
| Williams | 112 |
| Lotus | 107 |
| Brabham | 39 |
| Renault | 31 |
| Benetton | 16 |
| Tyrrell | 14 |
| Alfa Romeo | 12 |
| BRM | 10 |
| Cooper | 10 |
| Mercedes | 8 |

## Schnellste Runden

| | |
|---|---|
| Ferrari | 147 |
| Williams | 118 |
| McLaren | 108 |
| Lotus | 71 |
| Brabham | 40 |
| Benetton | 38 |
| Tyrrell | 20 |
| Renault | 18 |
| BRM | 15 |
| Maserati | 15 |
| Alfa Romeo | 14 |
| Mercedes | 14 |

## Schnellste Runden

| | |
|---|---|
| **Michael Schumacher** | **44** |
| Alain Prost | 41 |
| Nigel Mansell | 30 |
| Jim Clark | 28 |
| Niki Lauda | 25 |
| Mika Häkkinen | 25 |
| Juan Manuel Fangio | 23 |
| Nelson Piquet | 23 |
| Gerhard Berger | 21 |
| Stirling Moss | 20 |
| Ayrton Senna | 19 |
| Damon Hill | 19 |
| David Coulthard | 17 |

## Kombi »Pole und Sieg« an einem Wochenende

| | |
|---|---|
| Ayrton Senna | 29 |
| **Michael Schumacher** | **20** |
| Alain Prost | 18 |
| Nigel Mansell | 17 |
| Juan Manuel Fangio | 15 |
| Jim Clark | 15 |
| Mika Häkkinen | 10 |
| Alberto Ascari | 9 |
| Stirling Moss | 8 |
| Jackie Stewart | 8 |
| Mario Andretti | 8 |
| James Hunt | 7 |
| Damon Hill | 7 |
| Jack Brabham | 6 |

## Kombi »Pole, Sieg und schnellste Runde« an einem Wochenende

| | |
|---|---|
| Jim Clark | 11 |
| Juan Manuel Fangio | 9 |
| Alain Prost | 8 |
| **Michael Schumacher** | **8** |
| Ayrton Senna | 7 |
| Alberto Ascari | 5 |
| Nigel Mansell | 5 |
| Damon Hill | 5 |
| Mika Häkkinen | 5 |
| Stirling Moss | 4 |
| Jackie Stewart | 4 |
| Jacky Ickx | 4 |
| Jack Brabham | 3 |
| John Surtees | 3 |
| Niki Lauda | 3 |
| Nelson Piquet | 3 |
| Graham Hill | 2 |

**Verlag und Herausgeber bedanken sich bei den Autoren**

Michael Becker, Richard Blehn, Elmar Brümmer, Heiner Buchinger, Peter Hesseler, Heike Hientzsch, Christoph Scheuring, Achim Schlang, Wolf D. Schmid, Raphael Schuster, Hans-Joachim Stuck, François Vitesse

**Boxen-Ballett**

Michael Schumacher an der Box. Seinen Ferrari umkreisen 20 Mechaniker. Alles geht blitzschnell. Tanken und Reifenwechsel.